奋斗是对企业最好的感恩

李春蕾/主编

Struggle Is
The Best Gratitude
to Enterprises

中华工商联合出版社

图书在版编目（CIP）数据

奋斗是对企业最好的感恩 / 李春蕾主编 . -- 北京：中华工商联合出版社，
2019.10

ISBN 978-7-5158-2568-7

Ⅰ．①奋… Ⅱ．①李… Ⅲ．①企业—职工—职业道德
Ⅳ．① F272.921

中国版本图书馆 CIP 数据核字（2019）第 196046 号

奋斗是对企业最好的感恩

Struggle Is The Best Gratitude to Enterprises

作　　者：李春蕾
插　　图：张　苗　胡安然　钟　伟
责任编辑：于建廷　臧赞杰
责任审读：付德华
营销总监：姜　越
营销企划：闫丽丽　徐　涛
封面设计：周　源
责任印制：陈德松
出　　版：中华工商联合出版社有限责任公司
发　　行：中华工商联合出版社有限责任公司
印　　刷：盛大（天津）印刷有限公司
版　　次：2019 年 12 月第 1 版
印　　次：2024 年 1 月第 2 次印刷
开　　本：710mm×1020 mm　1/16
字　　数：220 千字
印　　张：15.25
书　　号：ISBN 978-7-5158-2568-7
定　　价：69.80 元

服务热线：010-58301130
销售热线：010-58302813　010-58302978
地址邮编：北京市西城区西环广场 A 座
　　　　　　19-20 层，100044
Http://www.chgslcbs.cn
E-mail：cicap1202@sina.com（营销中心）
E-mail：y9001@163.com（第七编辑室）

$\mathbf{C}$目 录
ontents

第一章 **新时代是奋斗者的时代**

伟大奋斗精神永不过时 / 002

奋斗是成功的捷径 / 004

人在忍中炼，刀在石上磨 / 007

以苦为乐才是人生本色 / 010

志不求易，事不避难 / 016

工作无贵贱，态度有高低 / 019

感恩宣言 / 023

第二章 **感恩是美德，奋斗是信仰**

心有一束光，人生处处明 / 026

奋斗要不得"3分钟热度" / 029

一点点放大努力，就会"翻天覆地" / 032

敬业是奋斗者的底气 / 034

小锤开大石 / 038

知道目的地的人走得最远 / 040

感恩宣言 / 043

第三章 知行合一的奋斗是最好的感恩之行

脚踩泥泞才能遇见美景 / 046

工欲善其事，必先利其器 / 049

重点思维——举网以纲，千目皆张 / 052

奋斗是一件"认真"的事 / 057

时光不负有心人 / 059

掌握奋斗的"精度" / 063

让问题到"我"为止 / 065

天下大事，必作于细 / 069

感恩宣言 / 077

第四章 韧性是奋斗的"护旗手"

一万小时定律 / 080

一直保持"UP"的姿态 / 083

随波逐流，只会毁了你的人生 / 086

要有直面问题的勇气 / 091

"钻"出美好新时代 / 094

懒散是奋斗的大敌 / 098

案例分享：良钢精作，创艺生活张小泉 / 100

感恩宣言 / 105

第五章 **创新让奋斗的道路处处惊喜**

世上本没有路，你走了就有了路 / 108

活着就是为了不断挑战 / 112

危机起于安逸 / 117

世界因视角而不同 / 122

打开思维的栅栏 / 128

小细节蕴含大创新 / 134

犹豫不决的人永远找不到最好的答案 / 140

把精力花在有用的事情上 / 143

尝试那条少有人走的路 / 146

异想才会天开 / 149

感恩宣言 / 151

第六章 **有执行力感恩才有战斗力**

最佳的开始时间是现在 / 154

笃实力行才能让奋斗精神落地 / 157

弯腰才能捡起幸福 / 161

不要让时间偷走了理想 / 164

虚怀若谷，达者为师 / 168

给梦想一个期限 / 170

工作中多想几步 / 176

成功路上没有朝九晚五 / 179

感恩宣言 / 183

第七章 奋斗之道在有恒

奋斗的路上没有终点 / 186

聚沙成塔无难事 / 191

激情是梦想的燃料 / 197

比昨天的自己更好一点 / 200

畏惧问题比问题本身更可怕 / 203

感恩宣言 / 207

第八章 功成必定有我——做实干担当、爱岗奉献的奋斗者

实干担当谱写奋斗"进行曲" / 210

责任面前没有任何借口 / 215

做了才有资格谈收获 / 218

团队协作让奋斗更出彩 / 221

奋斗就是要自动自发 / 224

爱岗的力量——荣誉感 / 231

奉献自己成就集体 / 234

感恩宣言 / 237

第一章

新时代是奋斗者的时代

伟大奋斗精神永不过时

前人很早就知道"天行健，君子以自强不息"。世界上没有坐享其成的好事，要幸福就要奋斗。一个民族在历史岁月中生生不息，一个企业在时代演变中发展壮大，一个人在社会进程中与时俱进，一个重要原因就是这个民族、企业、个人具有为实现伟大梦想而奋斗不止的精神追求和精神特质。这就是具有永不停歇的奋斗精神。

在中华文化里，人被认为应当自强不息、积极进取、刚健有为。从历史的角度看，社会是一个不断生成变化、生生不息、一往无前、永不停歇的过程，万事万物无时无刻不在发生更新变动。生生不息，是宇宙的根本法则。人作为社会中的一个存在，必须遵循宇宙的根本法则。所以人就应当顺时应变、与时俱进，不断创新、不断发展。

这种不断积极进取、刚健有为的精神就是奋斗精神，是成就人、成就企业的根本。每一个人发展、提升自身的过程离不开处世、德性的修养，"士不可以不弘毅，任重而道远。仁以为己任，不亦重乎；死而后已，不亦远乎"，因为知道自己责任重大，路遥且险，必须要有宽广、坚韧的品质；也知道"天将降大任于斯人也，必先苦其心志，劳其筋骨，饿其体肤，空乏其身，行拂乱其所为"，所以在千难万险面前我们也有咬牙坚持的力量。而这些支持我们走远走稳的品质，最终形成一种奋斗的状态，以一种艰苦奋斗的精神激励着我们。

无论什么时候，我们都需要大力发扬伟大奋斗精神。在这个难得的和平与发展时期，我们具备过去难以想象的良好发展条件，但也面临着许多前所未有的困难和挑战。用狄更斯在《双城记》里的一句话来形容这个时代就是："这是一个最好的时代，也是一个最坏的时代。"无数先烈抛头颅洒热血换来了我们现在的和平与安宁，我们有一个相对稳定的发展环境，在这个环境下的企业和个人是幸福的。但时代演变也带来了很多新的变化，企业竞争日益多元、激烈，"巨无霸"企业也可能一朝倾覆，科技高速发展带来人们思想的激变，人们的认知无时无刻不在更新，变化成为永恒的主题。一个国家、一个民族、一个企业要想勇立时代潮头，必须为之付出更为艰巨、更为艰苦的努力，必须以"逢山开路、遇水架桥"的闯劲、"滴水穿石、绳锯木断"的韧劲、"知难而进、迎难而上"的魄力，一往无前、奋发有为、不懈奋斗。

纵观历史，大到国家、民族，小到企业、个人，往往在摆脱束缚、反抗压迫、从无到有的时候能够迸发出不屈不挠的昂扬斗志，往往在摆脱弱小、解决敌人的时候能够激发出干事创业的蓬勃热情。而一旦情况有所转变、有所成就，斗志和激情往往就容易消退。正如魏征在回答李世民"创业与守成孰难"的问题时所答："自古帝王，莫不得之于艰难，失之于安逸，守成难矣！"企业创业虽然和帝王打天下性质不同，但也有可以借鉴的地方。功成名就时不能躺在功劳簿上，要做到居安思危、保持创业初期那种励精图治的精神状态。无论企业处于创业阶段还是守业阶段，我们都应该戒骄戒躁，不能因为胜利而骄傲，决不能因为成就而懈怠，更不能因为困难而退缩，必须始终发扬艰苦奋斗的精神，担当使命、抢抓机遇，在不懈奋斗中体悟幸福真谛，用艰辛奋斗创造幸福生活。

新时代是属于奋斗者的时代。唯有不断奋斗，才能让我们的梦想成真。企业员工只有不断超越小我与自我，为国家利益、企业利益不断奋斗，不断提升自身能力本领，笃实力行、求真务实、敢于担当，把伟大奋斗精神落实工作、生活的方方面面，才能推动企业发展，带动社会进步，实现人生价值。

奋斗是成功的捷径

在全国教育大会上，习近平总书记强调："要在培养奋斗精神上下功夫，教育引导学生树立高远志向，历练敢于担当、不懈奋斗的精神，具有勇于奋斗的精神状态、乐观向上的人生态度，做到刚健有为、自强不息。"人生如夜雨行路，未来总有各种困难和未知，而激励我们无惧前行的力量之一就是奋斗精神。因为有奋斗目标，我们不会迷途；因为有奋斗的毅力，我们不会半途而废；因为奋斗的勇气，我们攻坚克难；因为有奋斗的信念，我们熠熠生辉。

经常会有一些年轻人谈到他们在事业方面的困惑，其中有一类问题就是：我向往自己所处领域中的佼佼者，也渴望能拥有那样的成就，但一想到自己就是个普普通通的职员，没有出类拔萃的专长，也没有精明过人的头脑，瞬间就感觉一切只能是想想，很难实现。

怀着这样的想法，很多人就继续日复一日地做着同样的事，不求有功但求无过，结果就成了芸芸众生中不起眼的平庸者。他们有没有追求和抱负？有。那为什么最终还是一事无成，在本职岗位上都做不到优秀，只落得碌碌无为？在这里，我们讲一讲巨富福勒的故事。相信看完他的经历，答案自会揭晓。

　　很多人都知道福勒是富豪，但他在发迹之前的情形，却鲜少有人探寻。其实，就跟绝大多数人一样，福勒最初的经济状况也很一般，甚至可以说是很穷。他的母亲养育了七个孩子，为了生活，他 5 岁就参加劳动，9 岁就像大人一样以赶骡子为生。福勒从来没想过要改变生活，直到有一天，母亲的一番话惊醒了他——

　　"福勒，我们不应该这么穷。我不愿意听到你们说，我们的贫穷是上天的意愿。我们的贫穷不是上天的缘故，是因为你们的父亲从来就没有产生过致富的念头，不仅是你们的父亲，我们家里的任何人都没有产生过出人头地的想法。"

　　这番话沉重地击打着福勒的心，自那以后，他开始考虑如何致富，从贫穷走向富有的念头占据了他所有的心思，至于其他的杂念，统统都被抛在脑后。

　　福勒选择了肥皂行业，并开始挨家挨户地推销肥皂。12 年后，他赚到了 2.5 万美元，这点钱对当时的他来说，可谓是一笔巨款了。就在这时，他获悉了一个消息，供应他肥皂的那家公司要拍卖出售，售价 15 万美元。福勒兴奋极了，直接与这家公司签订协议，先交 2.5 万美元，10 天内付清余款。他已经忘了，自己只有 2.5 万美元，如果违约的话，这笔保证金就不会再退还了。

　　这时的福勒已经把自己逼上了绝路，但他的感觉并不是绝望，而是成功的兴奋。是什么东西促使他冒这个险？就是那个致富的念头，就是他对人生、对梦想的积极心态。

　　由于福勒做了 12 年的推销员，在社会上有一定的人际关系，他先后从朋友那里借来了 11.5 万美元。即便如此，还差 1 万美元，而这时已经是第 10 天的深夜了。福勒也发愁了，可强烈的致富念头却鼓励着他不要放弃。

"我知道，我已经用尽一切资金来源。那时已是深夜，我在幽暗的房间里祈祷，希望上天引导我遇见一个能及时借给我 1 万美元的人。我驱车走遍 61 号大街，直到我在一幢商业大楼看到第一道灯光。"那一夜的情景，福勒历历在目。

福勒走进那幢商业大楼，在昏黄的灯光里看到了一位因工作疲惫不堪的先生。为了达成自己的目标，福勒忘记了一切，不假思索地说道："先生，您想赚到一千美元吗？"

"当然想……"那位先生因为好运突然而来有点不敢相信。

"那么，给我开一张 1 万美元的支票，等我归还您的借款时，我将另付给您一千美元的利息。"接着，福勒就把自己面临的困境以及相关的资料拿给对方。最后，他顺利借到了剩下的 1 万美元，开始了迈向世界巨富的漫长之旅。

世人都会青睐那些极具自信且又有胜利者风范的人，都喜欢那种给人以必胜信心、不断追求成功的人。那么，是谁给了他们这种充满活力的气场？不是环境、不是他人，而是内心对自我的肯定。如果一个人的心态无法给他提供精神动力，他就不可能留下自信者、征服者的美名，更无法实现他希望拥有的一切。

连锁机构遍布全球的高档酒店希尔顿，几乎无人不知，无人不晓。但你知道它的创始人——世界酒店大王希尔顿，在开始创业时只有 200 美元的资金吗？若问他依靠什么取得了这样的成就？所有的答案都可归结于两个字：自信。

我们可以不是巨富，可以不做成功的企业家，但我们要做最优秀的自己，在自己所处的领域中做出最好的成绩，达到踮起脚尖能够碰触到的高度。从普通职员到出色的职业经理人，只要你想，你也一定可以做到。不够聪明，可以更努力；没有专长，可以培养，这些都不是问题，真正要紧的是——你要先在精神上胜人一筹。

实现理想的关键，是潜意识里要相信自己可以做到，这样才能够展示出一种奋进和不凡的姿态。若是先把自己定位为一个平庸者，最后也就只能是个平庸的人。你要学会自我鼓励，多对自己说："我很棒"、"我可以做到"、"我做得很好"，不断地给自己设定目标，挑战自我，开发自己的潜力。最后，你会发现，你的潜力远远超过你的估计。

人在忍中炼，刀在石上磨

《狼道》是一本让人读了感触颇多的书。记得书中有这样一段情境描述——

在一个寒冷的冬天，马尔科夫在打猎时，遇到了一条狼。这条狼有将近两米长，非常健壮。可惜马尔科夫在开枪前没能瞄准，猎枪子弹只打到了狼的右后腿，狼还是瘸着这条腿逃跑了。于是，马尔科夫骑上马去追赶这只受伤的狼。跑了一段时间，受伤的腿成了狼前进的阻碍，狼拼命地向前跃了几下，和马尔科夫的距离拉大了些。狼利用这个机会，回过头去撕咬自己受伤的右后腿，几下就把那条腿咬断了。马尔科夫当时完全被吓傻了，他的马也一动不动，静静地看着狼，看着狼拖着血迹逃跑了。

断腿求生，无论是谁看到这般景象，都会为之震撼。这意味着要忍受彻骨的疼痛，要承受后半生的残疾，可狼毫不犹豫，它从出生的那一刻起，就做好了忍受痛苦与煎熬的准备，正是这样的坚忍成就了狼道精神的传奇。

由此及彼，我们来说说坚忍对人的影响。

阿道夫·默克，1934年出生于德国东部城市德累斯顿。1938年，此地被德国人占领，并处于希特勒的统治之下。1945年，默克跟随家人在苏台德区逃亡。1967年，他继承了父亲的事业，一家只有80名员工的药厂，开始了独自打拼的人生。

在默克的经营管理下，这家小药厂最终发展成了一个庞大的企业帝国，拥有120家分公司和10万名员工，年销售额达300亿美元，经营范围也不再局限于生物制药，而是拓展到了诸多行业，包括水泥制造业。当时，通益药业有限公司和德国最大的水泥制造商海德堡水泥公司都是其旗下的子公司。有一位律师保守估计，默克大约以70亿欧元的个人净资产居德国富豪排行榜第五位，在全球福布斯富人排行榜上居第94位。

看到这里，也许有些人会觉得，这是一个励志的成功故事。可事实并非如此，阿道夫·默克在创业成功后，他的坚忍精神在成功的光环下逐渐消散了，以致后来当其商业帝国屡遭重创后，他选择用撞火车这样极端的方式终结了自己的生命。

新东方总裁俞敏洪说过一段很实在的话："人这一辈子遇到困难、挫折和失败不怕，重要的是我们遇到困难的时候要拥有好的心态。世界上有两种人，一种人遇到困难和失败以后就会害怕，就会充满绝望地倒下去，这种人一般一辈子就会以失败者的形象出现；另外一种人在遇到困难和挫折后，会用勇敢的心和坚忍不拔的意志去对待它，这样的人在未来是容易做成事情的。所以，我觉得无论你是否愿意往前走，生活总会遇到困境，但结果却是不一样的，如果你不往前走，生活永远是这样；但是当你遇到了困难往前走的话，你就会翻越过去。"

　　每个人都想成为生活中的强者，成为事业上的赢家，可强者并不好当，需要不断地磨炼自己、战胜自己。想实现自己的目标，就得经得起磨炼、顶得住压力，无论身处哪个岗位，从事哪种工作，都要具备坚忍的精神。

　　什么是坚忍？坚忍，就是不受自己情绪的干扰，不受外界舆论的影响，即使再最困难、最低谷的时刻，也能从容冷静地做自己该做和能做的事。遇到困境的时候，不寄望于奇迹，不依赖于他人，不满足于平庸，不放弃努力和尝试，不站在原地去抱怨，去憎恨。

　　坚忍，就是一种熬的历练。

　　有一个年轻人到一家杂志社实习，不料却遇到了一位以博才和严苛而闻名的老编辑。每次交稿时，这位老编辑总是重复一句话："如果你对某一个字的写法没把握，就查字典。"同时，老编辑还交给年轻人一个任务，让他每天写一篇文章放进自己桌上的盒子里，如果哪天没看到文章，他就会敲着年轻人的桌子管他要。一天一天，一年一年，年轻人在写作上取得了巨大的成就，并参与了美国《独立宣言》的起草。

　　这个年轻人就是美国民主主义革命者富兰克林，而那位指点他的老编辑名叫弗恩。富兰克林对弗恩始终抱着一份敬畏和崇拜，按照弗恩的严格要求磨炼自己，在时间的积累下，达到了前所未有的事业高度。

弗恩去世后，富兰克林负责整理他的遗稿，其间他看到了这样一段话："孩子，其实我不是你心目中的那个人。我并不懂写作，每个单词都得查字典，一篇稿子要看上几十遍。当然，为了生活，我给自己树立了一个权威的形象。你让我教你，我尽量去做，其实多数时候是你自己在磨炼自己。"

富兰克林初入杂志社遭到"刁难"的情境，一定会引起不少职场新人的共鸣。对新环境的不适应，人际关系的不熟悉，工作上的经验匮乏，上司的百般刁难……面对这样的情境，怎么办？是排斥抱怨，还是逃避走人？显然，两者都不是理性的选择。如果说时间是磨刀石，那么个人的才华与能力就是磨刀石上的那把刀，握住刀柄的磨刀人就是自己，只有不停地锤打磨炼自己，才华与能力的"刀"才会日益锋锐、明亮，最终绽放出夺目的光芒。

每一个从平凡走向卓越的人，在追求理想、努力奋斗的过程中，都是与坚忍为伴的。不要被眼下的困难、暂时的不顺打败，时时修炼自己的心境，把痛苦当成一种淬炼，在现实的锤打中蜕变，让时间成就不凡、熬制成功。

以苦为乐才是人生本色

吃苦受累，百不称心，才能养成坚忍的性格。

一个在私企上班的女孩子说："我看了《杜拉拉升职记》，觉得外企真好，出入高档写字楼，锻炼英语的工作环境，让人眼红的高薪报酬，还有各种吸引人的福利。老实说，我对现在的工作环境很不满意，如果有机会，我也想跳槽到外企……"

很多年轻人都认为，别人的生活比自己的好，比自己的容易：看到出入高档写字楼的外企白领，就觉得那才是真正的职场；看到有人做销售升职了，就觉得做营销才是成功的捷径；看到有人做房地产赚钱了，就觉得那才是高利润、高回报的行业；看到快消品公司人员满世界出差，在全国各地住五星级酒店，就觉得那样的工作才逍遥自在。

他们眼里看到的，永远都是别人风光得意的一面，却不知道那些"梦想的状态"并非看到的那么简单。现实是这样的：一些销售总监为了争取一个客户，有时要在异地他乡待上好几个月，吃不好、住不好，家里的事情完全顾不上；一些看起来风光体面的白领，为了拿出更好的方案，有时只能睡三个钟头，绞尽脑汁想出来的东西，却还要面临着修改或重写的结局；一些做房地产的老板，身上背负着巨额的银行贷款，很多压力不知该向谁说。

世间没有任何事情是容易的，就像夜晚的萤火虫，你觉得微弱的亮光毫不起眼，可那也是拼命煽动着翅膀才能发出的光芒。没有不劳而获的美事，也没有从天而降的光环。香港工业界巨头蒋震先生说："成功没有秘诀，只要埋头苦干就行了。不要想一步登天，不要想一夜发达，只要按部就班、埋头苦干、全心全意做事业，个个都可以成功。"

许多人一方面向往着成功和荣耀，另一方面却又不想付出太多，他们为自己的人生画出了一条很浅的吃苦底线，总希冀着在安逸中就能攀登到别人无法企及的高度。细想想，这怎么可能呢？世间任何一种成功都不是唾手可得的，如果你不能吃苦、不敢吃苦、不愿吃苦，就不要埋怨平庸的现状，人应当为自己的选择和行为负责。

35 岁的 Y，在国企做了 7 年的工程师，新鲜劲儿过后，他进入了迷茫期。在单位里，他的工资一般，成绩也一般，模板一样的日子让他感到厌倦，这样一眼望穿未来的日子，不是他真正想要的。在朋友的鼓励下，他最终递交了辞呈，来到了现在的这家公司。

当时，公司正在长沙开发市场，从他到区域经理都是两眼一抹黑。他每天忙忙碌碌，发名片，跑工地，找关系，不知被多少人挂过电话，也不知吃过多少次闭门羹。爱人见他吃了这么多苦，有心疼也有不解，原来在国企时都是别人求他办事，现在却要整天看别人的白眼。

他心里有那么一点后悔，但也只是一瞬间的感觉。他想到，自己的老板能说一口流利的英文，还是博士毕业，也一样打电话被拒，拜访吃闭门羹，人家能吃的苦，自己为什么不能吃呢？更何况，当初自己就是想得到磨炼，想闯闯，这些苦不正是考验吗？

靠着这股子韧劲儿，他一步步走到了现在，做了区域经理。在给属下开会时，他总是说："我所接触到的那些成功的人，谈及过去，无疑都是苦过来的。这里的苦，有社会对你的不认可，有难以名状的憋屈，有自我否定的失落，也有自我鼓励的孤独。然而，一个人吃点这样的苦不是什么坏事，没有身体和心理上的磨炼，如何成为一个强大的人，去面对几十年人生里那些未知的风风雨雨呢？"

吃得苦中苦，方为人上人。这一真理，多少年来从未变过。

被誉为日本"推销之神"的原一平，在被人问到推销秘诀时，当场脱掉鞋袜，说："请摸摸我的脚底板。"对方摸了摸，惊讶道："您脚底的茧好厚呀！"原一平说："因为我走的路比别人多，跑得比别人勤。"

当代著名作家路遥创作《平凡的世界》的过程也一样充满了艰辛，他写道："稿子完成的当天，我感到身上再也没有一点劲儿了，只有腿和膝盖还稍微有点力量，于是就跪在地板上把散乱的稿页和材料收拾起来。""在那苟延残喘的日子里，我坐在门房老头的那把破椅子里，为吸进去每一口气而拼命挣扎，动不动就睡得不省人事，嘴上像老年人一样吊着肮脏的涎水，只有熟人用好笑的目光打量我，并且正确地指出，写作是绝不能拼命的。而生人听说这就是路遥，不免为这副不雅相大惑不解：作家就是这个样子？作家往往就是这个样子，这是一种并不潇洒的职业，它熬费人的心血，使人累得东倒西歪，甚至像个白痴。"

一位获得世界长跑冠军的女运动员曾说："运动员受的苦是教人难以想象的，为了取得好成绩每天都超负荷训练，每天跑 150 千米，每晚下来，全身疼痛难忍，十个脚趾没有一个好的，训练下来连吃饭都十分困难，吃进去吐出来，往返好几次，才咽一口饭。"她在长达六年的时间里，每天都是这样度过的，每天 150 千米，六年就是 328,500 千米，她没有假日，没有休息！要知道，那时的她也是一个青春妙龄女子，正是浪漫多情的时候，没有人知道她背后咽下的痛苦，人们看到的只是她充满信心、潇洒奔跑的样子。她的艰辛付出，她笑着吃的苦，最终让全世界都知道了她的名字：王军霞。

谁都知道，苦不是好滋味，可为了品尝到甜，就必须先吃苦，它是创造好成绩的必由之路，不是调味品，亦不是装饰物。当你嫌弃公司的待遇低，嫌弃工作太累的时候，你是否想过，自己为这份工作付出了多少？自己有没有充分体现个人价值？得到，永远是在付出以后。

名人的成功充满艰辛，普通人的成功也是如此。

女孩 Tina 从一所中专院校毕业后，在家乡的一个微型公司做文员，月薪 2000 元。老板让她每天记录收支情况，其实就是每天花费多少钱买纸杯，买打印纸，等等。两个月后，老板见到 T 记的账后哭笑不得，说："哪儿有这么记账的？你不会用 Excel 吗？"

这样的质问，让 Tina 觉得很尴尬。之后，她开始学着用简单的表格，还报考了一个会计班，白天上班，晚上上课，好不容易通过了考试，公司却因为一些问题关闭了。好在老板是个实在人，推荐 Tina 到一家培训机构做财务。

这家公司比较正规，财务部的员工基本上都是正规财经专业出身的，Tina 只能做出纳。说是出纳，其实就像一个打杂的，年纪大的打字慢，就把手稿给 Tina 打。很多次到总部报账，原本一小时就能解决的事，她可能一上午都办不完，就因为她是新人，没有人重视。

有一次，一个会计跟别人聊武汉的周黑鸭好吃，却推说太忙没时间跟 Tina 理账。后来，Tina 再来报账的时候，特意给她带了点周黑鸭，弄得对方还有点不好意思，但彼此间的关系却拉近了许多。自那以后，别人需要一个小时报的账，Tina 半个小时就能搞定了。

现在的 Tina，已经从出纳升为会计了。也许这些事情在很多人眼里看来并不算什么，但对于一个"90 后"、家境优越的女孩来说，她也是经历了心理上的磨砺和蜕变。她现在，正朝着自己的注册会计师之梦努力着，她说："虽然这个目标很难，可能还要吃很多苦，但我不怕。我相信，只要每天进步一点点，就算是只蜗牛，也会有达到终点的那一天。"

苦，总是难以下咽的，却又是成功路上必需的养料。那么，这难吃的"苦"该怎么吃呢？

1. 用梦想激励自己

多年前的一首《水手》中唱道："他说风雨中这点痛算什么，擦干泪，不要怕，至少我们还有梦……"当你承受着巨大的压力、内心充满酸楚的时候，不妨想一想你心中的梦，权衡一下：是吃一点苦，还是放弃梦想，碌碌无为地过一生？

仔细地思考后，相信你很容易做出决定。与憧憬中的未来相比，眼前的一点苦真的不算什么。更何况，走在梦想路上，微笑着去付出、去吃苦的人有很多，大家同是普通人，别人能做到的，你也可以。

2. 正视你所遇到的苦

工作中少不了困难和阻碍，这就意味着，苦无处不在。有人把困难看成是不可逾越的，早在内心埋下了恐惧的种子，一碰到麻烦，还没看清楚麻烦的模样就已经胆怯了，这种想法只能让他保持原地不动，不敢大刀阔斧地去尝试什么。

正确的心态应当是：不要把困难想得太简单，也不要把困难想得太难，知道它是工作与生活的一部分，积极地去想办法，把注意力转移到如何解决问题上，就会冲淡"苦"的氛围。

3. 改变对苦的看法

香港首富李嘉诚曾经说过："你想过普通的生活，就会遇上普通的挫折。如果想过最上等的生活，就会遇到最强的伤害。"

这世界很公平，你想要最好，往往会让你最痛，能闯过去就是赢家。苦，是一种磨难，亦是一种历练，更是一种收获。当你懂得珍惜每一份经历时，它就会成为你最宝贵的财富。

没有人的青春是在红地毯上走过的，所以不要在最能吃苦的时候选择安逸。不管你现在在哪里，如果你想要成为别人无法企及的骑士，那就微笑着去付出别人无法企及的努力，悦纳成功路上注定不会缺失的那一份辛苦。

志不求易，事不避难

你可能有过类似的经历或感触：遇到轻松好做、能显风光的事情，总有人争着抢着去干；遇到尖锐棘手、麻烦不断的事情，瞬间就会鸦雀无声，没有谁愿意接这个烫手的山芋。有时，无奈被点名上阵，还没尽全力去尝试，抱怨之声和放弃之念，就已占据了内心。最后，稀里糊涂地应付一番，上交一份不尽如人意的结果，或是干脆找个借口，撒下一个烂摊子。

话说回来，再艰巨的任务，再难做的事情，再沉重的压力，也要有人去扛。不畏困难，知难而上，这是人最基本的信念。那些能够出色完成棘手任务的人，并不是生来比他人优秀、能力突出，只是他们不会轻易认输，不会在困难面前偷懒，愿意多动脑、勤跑腿，牺牲个人的休息时间，不断去克服客观和主观的阻碍。

很多人不愿意承认，他们懒得接手难题，往往是内心有所顾忌：完成任务会不会被批评？领导会不会认为我能力不行？想到这些，自然也就不愿意去冒险。实际上，老板没那么狭隘，只要你全力以赴去做了，哪怕任务没有完成，老板也不会责备你，毕竟在别人袖手旁观的时候，你敢去承担，就足以证明你的不凡。

陆先生现任某公司投资 DM 杂志的客户总监。回顾这些年的从业经历，甚是艰辛，每段路都不容易。庆幸的是，他靠着勤奋和坚韧挺了过来。

刚入职时，陆先生就是一个再普通不过的业务员，整整三个月的时间，遭受了无数的冷眼拒绝，一个单也没签到。到第四个月的某一天，他正在去拜访客户的路上，突然遭遇了倾盆大雨，被浇得浑身湿透。站在原地的他，看着街边橱窗镜里映出的狼狈模样，真的是没信心和勇气再去见客户了。

"我往回走了 100 米，可心里却很不是滋味，停下来想了想，还是再试一次吧！没试过，怎么知道不行呢？"陆先生自己给自己打气，没有因为天气不好而偷懒回家，也没有因为前面的失败而放弃尝试。他走到客户公司门口，看着淋成了落汤鸡的自己，有点不好意思敲门，但又不甘心就这么回去。他说："我硬着头皮走了进去，客户见我的时候也很惊讶。结果，他当场就跟我签了一个 3 万元的大单。这是我所在的部门组建以来，签到的第一单，也是我的第一单，我永远也忘不了。"

随后，陆先生被公司委派去做房地产开发，这段经历也不同寻常。他曾经骑着自行车，挨个去拜访一家家国有企业，询问他们的土地开发意向。有一次，为了见到其中的一位副厂长，他连续两个月天天登门拜访，最终感动了对方，答应与他见面。为了不影响公司的形象，他在冰天雪地里，将自行车停在几公里外的地方，步行去见那位厂长。在过道里，他借助暖气片让自己冻僵的身体恢复过来后，才从容自如地走进对方的办公室，最终签下了合约。时隔许久，对方才知道他为了那次见面有多用心，不禁大为感叹，说陆先生是值得深交的人。至今，他们依然是很好的朋友。

再后来，陆先生被安排到公司投资的体育用品市场做总经理。三年后，他又走向了现在的岗位，担任公司投资的DM杂志的客户总监。在公司的这些年，他的工作至少涉及了四个领域，公司开展的新业务的"先锋团队"里都有他的身影，所有的苦和累他都经历过，可他却从未偷过一次懒，说过一声烦。尽管当时他也闪过放弃的念头，但都咬着牙克服了。陆先生说："今天想起来，还是很感谢那些苦难的，挺过去了就是另一片天。"

不管是谁，从事哪个行业，吃苦都是不可避免的。中山大学博士生韦慧晓投身军旅，成长为我国海军首位女副舰长，在万里海疆书写无悔青春；常州技师学院学生宋彪顶着40℃的高温在车间日复一日苦练，斩获世界技能大赛最高奖……无数这样的年轻人，以奋斗成就精彩人生。人生大字典中，"吃苦""拼搏"都是必不可少的关键词。正如习近平总书记告诫我们的：现在，青春是用来奋斗的；将来，青春是用来回忆的。人生之路，有坦途也有陡坡，有平川也有险滩，有直道也有弯路。青年面临的选择很多，关键是要以正确的世界观、人生观、价值观来指导自己的选择。无数人生成功的事实表明，青年时代，选择吃苦也就选择了收获，选择奉献也就选择了高尚。青年时期多经历一点摔打、挫折、考验，有利于走好一生的路。要历练宠辱不惊的心理素质，坚定百折不挠的进取意志，保持乐观向上的精神状态，变挫折为动力，用从挫折中吸取的教训启迪人生，使人生获得升华和超越。

只要有中流击水的劲头，有以梦为马的激情，奋斗就将成为实现梦想的阶梯、走向未来的桥梁。

做事不要吝啬付出，更不要畏惧吃苦，一步一个脚印地走下去，不偷懒、不要滑。当苦过去以后，你会发觉，其实那点儿苦算不了什么。

特别是在取得了某些成就后，你还会体味到，曾经的苦也是一种幸福的回忆，以及"炫耀"的资历。

工作无贵贱，态度有高低

研究生毕业后，张某进入机关做材料员。

入职后的第一次例会上，部门主管明确提醒所有人："我们是一个服务部门，领导需要什么，我们就要提供什么服务。换句话说，在这里工作，你要充分发挥才能去撰写材料、稿件，也要心甘情愿地做好端茶送水、擦桌子、拖地板、打字复印、发通知等琐事。"

刚开始，张某很不习惯，心里总有一种不平衡感：我堂堂一个研究生，到这里就为了擦桌子扫地吗？尽管这些话他没对任何人说过，可一个人心里有了怨念，做起事来自然就不会太积极。

有一次，张某跟一位老同事共同布置会议室。这时，张某已经入职三个月了，和同事也比较熟悉了，他开始忍不住地跟同事抱怨，说工作一点儿挑战性都没有，天天做这些摆弄桌椅的事，有什么意义？

同事听出了弦外之音，也猜到了张某的心思，一边干活一边回应道："其实，在办公室里工作，就算是只学会了端茶送水，对你也没什么坏处。我在这里干了快15年了，什么都学，什么都做。办公室的事情又多又杂，但每件事都很重要，一个细节没做好，就可能造成严重的影响。前两年就出现过这样的事，新来的那个女孩没有检查电脑和话筒，结果开会时出了岔子，导致会议没办法进行，大领导很生气，毕竟来这里开会的人都很忙，耽误了大家的时间，耽搁了不少的事……"

这一席话让张某很受触动：如果没有人端茶送水，收发文件、通知，政府的会议就没办法顺利召开，领导的精神也没办法传达，许多事情都无法正常展开，影响的不仅是一个单位、一个部门，还可能牵扯到千千万万的百姓。想到这儿，再看看身边正在仔细摆桌椅的同事，他心里的怨念和不满瞬间消退了。

生活中的每一份工作都值得去做，如果你认为自己的工作是低贱的，不值得用心去做，那就大错而特错了。万丈高楼平地起，没有一砖一瓦的砌垒，就不会有高耸于都市的楼宇。伟大的事业都是由平凡的工作汇聚起来的。

一个年轻的修女进入修道院后，一直做织挂毯的工作。几个星期后，她觉得实在太无聊，感叹道："给我的指示简直不知所云，我一直用鲜黄色的丝线编织，突然又让我打结、把线剪断，这种事完全没有意义，真是在浪费生命。"

身边正在织毯的老修女说："孩子，你的工作没有浪费，其实你织出的这一小部分是非常重要的。"说完，她带着年轻的修女走进工作室，望着摊开的挂毯，年轻的修女愣住了。原来，她编织的是一幅美丽的《三王来朝》，黄线织出的那部分正是圣婴头上的光环。她这才意识到，之前在她看来浪费时间的工作竟是如此伟大。

很多时候，轻视工作的人往往都是没有看到"整体"，只盯着自己做的那部分，就觉得渺小、不起眼。殊不知，少了自己做的那部分，"整体"也会变成残缺。可以说，任何岗位上的真心付出都是有价值的，每一个工作过程都成就了另一个过程，只有环环相扣，企业才能够正常运转。身为员工，要做的就是各就各位，尽职尽责地扮演好自己的角色。

没有卑微的工作，只有卑微的工作态度。有些工作看起来不够高雅，环境也不理想，但这不意味着它就该遭到轻视。我们应当换一种尺度去衡量它：只要它有用，就值得去做，也值得做好。工作没有贵贱之分，但工作态度却有好坏之别。不是说成为金领就荣耀，做普通的售货员就平庸，如香奈儿般知名的奢侈品牌，有很多物品还是出自乡间老妪之手！

一个轻视自己工作的人，他本身对自己也缺乏尊重。很多事情，不能用世俗的标准去审度，有些事看似平常没有意义，那是因为站在微观的角度在看。就好像莫奈的那副描绘女修道院厨房里情景的画，画面上正在工作的不是普通人，而是天使：一个正在架水壶烧水，一个优雅地提起水壶，另一个穿着厨衣伸手去拿盘子。她们所做的都是日常生活中最平凡的事，可每件事却都做得那么专注，那么用心。

喜剧演员周星驰有一句经典之言："我是一个演员。"听起来很简单的一句话，却是周星驰获得成功的秘诀。这句话意味深长：纵然是跑龙套，也要认真地去诠释这个角色，理由很简单，"我是一个演员"。

早年，周星驰就是"跑龙套"的。1983 年，香港无线版的《射雕英雄传》风靡一时，但极少有人知道，周星驰也出演了这部电视剧，他扮演了一个被"黑风双煞"之一梅超风打死的人物宋兵甲，只有一个镜头。和剧中那些声名显赫的演员相比，他的角色实在微不足道，毕竟"跑龙套"是最低层次的演员。

然而，周星驰不这么认为。在他眼里，跑龙套也是做演员，微不足道的小角色的表现，直接影响着主角的戏份能否顺利进行下去。再不起眼，也得用专业的标准来要求自己，也得像演员一样去思考和工作。

任何一部电影都会有主角、配角和龙套，可演得好不好，却不是角色本身决定的，而是演员的能力决定的。有些配角和龙套，因为演技出彩，完全盖过了主角的风头。主角不过是在戏份上多一些，出镜的机会多一些，但演技本身才是反映演员水平的标准。

同样，在企业里工作也是一样。不起眼的岗位不代表没机会，只要做得足够好，让自己成为闪耀的金子，领导没有理由看不到你闪现的光芒。有时，不愿意去做琐碎的事，可能就连"跑龙套"的机会都会失去；但要把"龙套"跑好了，却有可能得到想要的职位。

人不应该只憧憬成功后的日子，终日把梦想和信念挂嘴边的人，多数都是在纸上谈兵，一旦遇到了挫折，就会犹豫不定。真正能够成功的人，不会挑剔任何工作，而是会把简单的日常工作做得精细、专业，恒久地坚持下去。

有一位经理人，20世纪90年代中期毕业于国内一所一流大学，不到30岁就做到了高层的职位。年轻气盛的他不谙世事，在人事斗争中失败，最后不得不辞职。他休息了很长一段时间，最后因为生活所迫，不得不从超市最基层的岗位理货员开始做起。理货员的工作强度非常大，但当时的他就告诉自己：一定要坚持下去，只有在一线，才能学习到自己曾经不了解的东西。

蛰伏了8年后，他又成为一家大型企业的大区经理。当时的他临近40岁，说起这段经历，他总是一带而过，因为过程的确很简单，就像美国GE公司前总裁杰克·韦尔奇说的那样："一旦你产生了一个简单而坚定的想法，只要你不停地重复它，终会使之变成现实。"

不是只有高管的职位才值得做，每一份工作都值得做好。一个人能否成功，不在于做什么，而在于态度。

如果工作是一种乐趣，人生就是天堂

感恩宣言

　　任何一名员工都没有理由不感恩自己的公司，公司为你提供成长的舞台，让你的才华有用武之地。而感恩的唯一途径就是不断奋斗，让自己成功的同时更让公司成功。奋斗者是新时代职场人最荣耀的身份。

请思考：

1. 公司为我付出了哪些？

_____

2. 我是否是一个称职的奋斗者？

_____

第二章

感恩是美德，奋斗是信仰

心有一束光，人生处处明

"信念"一词正在被很多人遗忘。在他们身上，我们看不到锐意奋进的影子，有的只是得过且过、敷衍塞责的浮躁。卓有成效的工作，靠的不是浮想联翩、眼高手低、好高骛远，而是在日复一日的努力中汲取经验，积累资本，推陈出新。能够保证我们不骄不躁、踏踏实实去做事的，恰恰是被很多人抛之脑后的信念。正所谓，心中有信念，身上才会有力量；心中有信念，意志才不会坍塌。人生的创造，往往都跟信念有关。

雷锋的日记里有这样一段话："如果你是一滴水，你是否滋润了一寸土地？如果你是一线阳光，你是否照亮了一分黑暗……如果你要告诉我们什么思想，你是否在日夜宣扬那最美丽的理想？你既然活着，你又是否为了未来的人类生活付出你的劳动，使世界一天天变得更美丽……"

我们和雷锋生活在不同的时代，所追求的自然有所区别，可有些道理是相通的。没有信念的人，是不会有作为的；靠信念支撑的行动，才能无怨无悔地坚持下去。当下，不少人都心存这样的想法："如果多给我一点儿工资，我肯定比现在做得好。"现实告诉我们，持有这样观念的人，很难在工作中有所成就。原因就是，他觉得一切都在为别人而做，所谓的负责不过是为了增加回报的砝码，不认同忠诚的价值，也不相信兢兢业业工作的意义。说到底，就是内心没有一个坚定的、正确的信念，作为精神和行动的引导。

一位管理学家曾经到松下、索尼等大型电子公司做调查，他询问一线的工作人员："你的岗位主要负责什么工作？"有人说"上螺丝"，有人说"搞焊接"，还有人说"我在这里干了 20 年，一直都在拧螺丝"。他们说的都是事实，可惜没有一个答案是管理学家想要的。对他来说，真正渴望听到的是这样的回答："做电子产品"，或是"加速人类与社会的联系，促进社会的进步发展"。

一个人为了金钱工作，工作只能是单调乏味的；只有为理想、为自己工作，才能找到价值与乐趣。

某公司一位硕士毕业的员工说，他跟一位同学同时进的公司，两个人能力不相上下，当时他的月薪是 8000 元，对方的薪水却是 1 万元，这让他心理很不平衡。每次领导交代工作，他都会想起薪水的事，做事漫不经心，拖拖拉拉，还频繁出错，要是不这么干的话，总感觉好像吃了多大的亏。

用敷衍的态度去对待工作，失去的不仅仅是 2000 元，还有学习的机会和晋升的空间，留下的却全是粗陋的坏习惯，给自己的成长制造障碍。

2005 年被评选为"感动中国十大人物"之一的马班邮路上的信使王顺友，对于自己的工作，他是这样说的："1985 年，走了一辈子马班路的父亲，把他手里的马缰交给了我。他跟我说：'父亲老了，走不动了，这个班今后就交给你。'那年我才 20 岁，我走的路就是父亲走过的路，一走就是 20 年。

"我走的路，人烟稀少、气候恶劣，多数时候只能露天宿营，在山岩底下、草地上、大树底下搭个简易的帐篷就睡……最苦的是雨季，常常摔得满身是泥，夜里也只能裹一块塑料布睡在泥水里。到了晚上，山里更是静得可怕，我燃起火，也想家中的妻子儿女。其实，这些年我最难受的是觉得对不起我的家人，特别是对不起妻子和父亲。但我不能对不起邮路上的父老乡亲……我不怕困难，不怕吃苦，就怕别人说我工作没做好，做人不厚道。只要大家说我是个好人，是个合格的共产党员，我就满足了。"

王顺友先进事迹报告团，在全国各地做了多场报告，场场爆满。与其说是他的事迹感人，倒不如说是他对工作的态度引起了人们的共鸣与深思。在躁动的时代，王顺友的出现，就如同一壶清澈的水，给人们做了一次精神洗礼。

说实话，多少人的工作条件、生活条件、薪资收入都比王顺友要好、要高，却还是觉得工作没意思、没前途，他们缺少的不是物质的激励，而是精神上的信仰。如果我们都能有王顺友对待工作的态度，自然会明白什么是把工作当成事业，体会到秉承信念去做事的价值感和幸福感。

记得一位企业家说过："我的员工中最可悲也是最可怜的一种人，就是那些只想获得薪水，而对其他一无所知的人。"那么，在工作这件事情里，除了薪水，我们还应该把目光投向哪里呢？答案有很多：学习、成长和理想。

同样一件事，对有工作信念的人来说，他会力求完美；对没有信念的人来说，就是无奈不得已而为之。当我们把工作与自己的职业生涯联系起来，秉持一份坚定的信念，才能够平和地化解工作中的一切问题，并从中体会到使命感和成就感。在平凡中坚守，是每个人都应当持有的事业观与价值观。

心中有一束光，人生处处明。

奋斗要不得"3分钟热度"

多少人刚进入一家企业，踌躇满志，信誓旦旦，立志要做出一番成就。那段充满正能量的日子，早出晚归，尽心做事，想着只要肯努力就会出成绩。然而，现实告诉我们，成功来得没那么快，总得经过漫长的积累才能初见成效。

最难熬的就是这段等待的过程，每天重复着同样的工作，好像看不到尽头一样。结果，心急的人泄气了，松懈了对自己的要求，逐渐沦落到放任自流的地步。此时，所有的正能量早就没了踪影，别说为工作做出一点儿牺牲了，就连本职工作也成了厌烦的负累。

六年前，女孩肖某进入一家大公司的企宣部工作。与同行相比，这里的待遇相对较高，发展平台也很好。刚通过面试时，肖某心里充满了激情，毕竟自己是在几十人中脱颖而出的，能得到企业高层领导们的认可，确实不易。入职那天，领导语重心长地说："希望你能一直保持这样的状态，企宣部很需要热情洋溢的年轻人。"

企宣部的"较量"是很厉害的，自诩有才的肖某到了这里，才知道什么叫作"强中自有强中手"。抱着"女文青"的自尊心，肖某总是独立承担各种活动的策划，甚至涉及一些从未了解过的领域。一年下来，她始终忙忙碌碌，但成绩却并不起眼，年底的优秀员工没有她，就连奖金也比同事少了两千元。在她看来，有个别人对工作还不如自己上心，面对如此"不公平"的状况，肖某的工作热情顿时就没了一大半。

到企宣部的第二年，肖某不再事事那么积极了。她总觉着，积极与否带来的结果都差不多。领导交予的任务，她总是用七分的精力去做，勉强通过就行，剩余的三分就用来逛逛淘宝、论坛。这样的状态持续了半年后，公司突增了一批业务，企宣部的工作开始多起来，渐渐习惯了安逸的肖某，对突击式的加班感到不适，懈怠久了更是不愿多做一点工作。

就在所有人加班加点忙着的时候，肖某向领导提出了请假一天的要求，称自己身体的情况不太好，虽然知道公司现在正缺人手，但自己提前两个月才预约到了一个专家号。领导也是通情达理的人，自然不愿员工带病工作，就批了肖某一天的假。下班的路上，肖某心里暗暗高兴，明天男友要回国了，自己一定要去机场接他。

有时候，事情偏偏就是那么凑巧。当肖某和男友牵手从机场走出来的时候，她怎么也不会想到，竟然跟自己的领导碰了面。那一刻，肖某恨不得钻进地缝里，真的是尴尬透顶，这样的情景无须解释，谁都知道是怎么一回事。她这才想起，领导今天是要出差的，是她只想着怎么请假去接男友，把这件事抛在了脑后。幸好，领导当时只像路人一样走过，什么也没说。肖某的心情一落千丈，不知今后该如何面对领导。

第二天上班后，她主动到领导办公室"请罪"，承认自己撒了谎，并告之实情。领导没有发怒，而是问了肖某一句："听过龟兔赛跑的故事吧？"肖某一愣，不明所以。领导接着说："兔子之所以会输，是因为情绪和心态不稳定，一会儿想夺冠，一会儿想安逸，结果就成了3分钟热度。乌龟跑得慢，可情绪和认知很稳定，认准了目标就认真去做，反倒跑在了前面。"

肖某知道，领导是在用故事教育自己。既然已开诚布公地承认了自己的错，那不妨把自己心里的想法一股脑儿都倒出来，至少让领导清楚，自己不是无缘无故懈怠工作。

听她说完，领导回应道："还记得刚入职时，我跟你说过的话吗？职场考验的是耐性和韧性，不是一时的热情，也不是凭借聪明就能做好工作的。这半年你的状态不是很好，但我依然看好你的潜力，希望你能对自己做一些调整，培养耐性。不妨这样说，每个员工的表现都是有目共睹的，不要太在意眼前的得失，你做得足够好，公司自然不会辜负你。"

这件事情距离现在已有 4 年多的时间，肖某非常感激领导的宽容，更感激他给自己指引了方向。"若没有那一次的谈话，我可能已经离开公司了，至于现在在做什么，我也不敢保证，但多半是还在打转吧！现在看到一些新员工的状态，感觉似曾相识，我就把自己当成典型案例讲，告诉他们做事不能只有 3 分钟热度。"说这话时的肖某，已是企宣部的精英了。

在职业生涯中，想与别人竞争，在事业上有所突破，必须保持一股工作的热情。这种热情，不是短期的激情，而是对工作发自内心的热爱，它能够成为一种强大的精神力量，支撑着你征服自身和环境，创造出日新月异的成绩，成为竞争中的佼佼者。

那么，如何有效地提升工作热情，避免陷入 3 分钟热度的状态中呢？

1. 推进进度，用效率提升热情

当你做一件事的节奏变快并体会到成就感时，热情自然就会高涨。鞭策自己推进进度的方法有很多，如随时为自己"做减法"，接到一项任务时候，将每个步骤列在工作记录上，每完成一个就删掉一个，这样随着进度的推进、工作量的减少，越到后面就越有激情，压力也会减轻不少。

2. 不急不躁，锤炼内心的耐性

还是那句话，工作是一场马拉松，不能急于一下子就达成目标。太过急于达成某种愿望，就会减少思考，追求享受，热情也会随之减退，一旦中途遇到了困难，热情就会冷却到冰点。我们在案例中讲到的肖某，就属于这种情况。

有句话说得好："不忘初心，方得始终。"想想当初为了什么而出发？又是为何走到了这里？重新审视一下你对工作的态度，找回最初的那份热情。到那时，再审视你手中所做的事，也许你会赋予它全新的意义。

一点点放大努力，就会"翻天覆地"

在一次交流中，有人给大家出了一道智力题：荷塘里有一片荷叶，它每天会增长一倍，假设 30 天可以长满整个荷塘，试问第 28 天的时候，荷塘里有多少荷叶？

当时，有不少人拿出手机，利用计算器来算；也有人开启了"网络模式"，试图马上找寻到答案。尚未等大家开口，出题人就揭晓了答案：第 28 天的时候，荷塘里有 1/4 的荷叶。

其实，这道题的答案很简单，只要从后往前推即可。荷叶每天的变化速度是一样的，既然第 30 天的时候会长满整个荷塘，那么在第 29 天的时候必然就是 1/2，而第 28 天的时候，就是第 29 天的一半，即 1/2 的一半，1/4。

看，仅仅两天的时间，我们看到的景象却截然不同。熬过了漫长的 28 天，却只能望见小小一角的荷叶，这不免会让人有些焦急和失落，甚至没有耐性继续等下去。因为等不及，所以就等不到，他们不会想到，再多坚持两天，那小小的一角就会扩大到整个荷塘。

这说明什么呢？在通往成功的路上，多数人都期待看到"第 29 天"的希望，还有"第 30 天"的成功，却不愿忍受漫长的成功过程，而选择在"第 28 天"的时候放弃。同时，它也从另一个角度提醒那些心浮气躁、急功近利的人，成功不是一蹴而就的，但只要每天进步一点点，这种积累就会爆发出巨大的力量，带来翻天覆地的变化。

我们每一天所做的每一件事，都是在为将来做准备；今天取得的一项成就、获取的一个新创意，都得益于过去某一天的积累；未来某一天的一个新突破，也可能得益于今天不经意的积累。有些事情当时看来微不足道，可若坚持做下去，往往会在几个月甚至几年以后产生影响，最终改变整个人生。

20 世纪初，在太平洋两岸的日本和美国，有两个年轻人都在为自己的人生努力着。

日本人每月雷打不动地把工资和奖金的 1/3 存入银行，哪怕是在手头拮据的时候，他也坚持这么做，宁肯去借钱也不动用银行里的存款。

那个美国人的情况就更糟了，他整天躲在狭小的地下室里，将数百万根的 K 线一根根地画到纸上，贴在墙上，然后对着这些 K 线静静地思索。有时候，他甚至能对着一张 K 线图发上几个小时的呆。后来，他干脆把美国证券市场有史以来的记录都搜罗在一起，在那些杂乱无章的数据中寻找规律性的东西。因为没有客户，挣不到什么钱，他几乎都是靠朋友的接济勉强维持生活。

这样的日子，两个年轻人各自延续了六年。这六年里，日本人靠自己的勤俭积攒下了 5 万美元的存款，美国人集中研究了美国证券市场的走势和古老数学、几何学及星相学的关系。

六年后，日本人用自己省吃俭用积累财富的经历打动了一名银行家，并从银行家那里得到了创业所需的 100 万美元贷款，创立了麦当劳在日本的第一家分公司，并成为麦当劳日本连锁公司的掌门人。他，就是藤田田。

此时，那个美国人怎么样了呢？他已经有了自己的经纪公司，并发现了最重要的有关证券市场发展趋势的预测方法，他把这一方法命名为"控制时间因素"。在金融投资生涯中，他赚到了 5 亿美元的财富，成为华尔街上靠研究理论而白手起家的奇迹人物。他就是世界证券行业里最重要的"江恩理论"的创始人，威廉·江恩。现如今，世界各地金融领域的从业人员，依然将其理论作为必修课。

藤田田凭借着勤俭起家，江恩依靠研究 K 线理论致富，两个人身处太平洋的两岸，没有任何的交集。然而，他们的经历却有着极为相似的地方，那就是从一点一滴的努力中创造并积累了成功所需的条件。

从平凡到优秀再到卓越，并非是一件多么神奇的事情。如果你明白积沙成塔，懂得积累的意义，那么你要做的很简单，就是每天进步一点点。当这些不起眼的"一点点"不断叠加、不断放大，明天和昨天就会出现天壤之别。

敬业是奋斗者的底气

他 1956 年高小毕业后，当过通讯员和公务员，参加过根治沩水工程，多次被评为模范工作者。他 1960 年参加中国人民解放军，参军 2 年零 8

个月的时间里，荣立二等功一次，三等功三次，受嘉奖多次，被评为"节约标兵"和"模范共青团员"。他，就是雷锋。

爱岗敬业的精神，始终根植在雷锋的心里，干一行爱一行的钉子精神，也让他平凡的生命闪耀出了人性最坚实的光芒。时代在变迁，每个人都在寻找自己的位置和方向，有什么东西能够让我们坚定执着、实现自我、不会迷失？答案就是：信念、进取、爱岗、踏实。

很多人觉得，这些话过于空泛，似乎雷锋的钉子精神已经过时了。其实，任何"过时"都是形式上的，真正重要的东西永远留存。那些成大事者，有哪一个不是兢兢业业地奋斗过，全身心地扑在了热爱的工作上，像钉子一样钻进了所在的领域中？

洛克菲勒刚到石油公司时，一没学历，二没技术，只能负责检查石油罐盖有没有自动焊接好。在外人看来，没有比这份差事更枯燥、更没技术含量的了。可洛克菲勒却做得很认真，结果研制出了"38滴型"焊接机。用这种焊接机，每只罐盖比原来节约一滴焊接剂，而一年下来就能给公司节约几百万美元。凭借着这份敬业的态度和不断完善的专业技能，他最终走向了世界石油大亨的位置。

在人生的舞台上，从来没有小角色，有的只是小演员。工作就是一个舞台，你我都是演员，饰演着不同的角色，但用心和不用心，结果是有目共睹的。管理咨询专家梦迪·斯泰尔在给《洛杉矶时报》撰写的专栏中，写过这样一番话：

"每个人都被赋予了工作的权利。一个人对待工作的态度决定了这个人对待生命的态度。工作是人的天职，是人类共同拥有和崇尚的一种精神。当我们把工作当成一项使命时，就能从中学到更多的知识，积累更多的经验，就能从全身心投入工作的过程中找到快乐，实现人生的价值。

这种工作态度或许不会有立竿见影的效果，但可以肯定的是，当'应付工作'成为一种习惯时，其结果可想而知。工作上的日渐平庸虽然从表面看起来只是损失了一些金钱或时间，但是对你的人生将留下无法挽回的遗憾。"

毕业于中医学院的赵某，面对激烈的竞争，只好选择迂回道路：先就业，再择业。

赵某就职的医院，主要是缺乏临床大夫和药剂师，中医并不太受重视。他入职后，就被安排到门诊部实习。在赵某看来，真是有点儿大材小用。

每天面对着一板一眼的老中医，还有那些难闻的中药味、烦琐的诊断，他感到很厌烦，每天都在抱怨。几个月过去了，他依然开不出一张像样的处方，连病人的脉搏也找不准。可即便如此，他还是摆出一副名牌大学生的派头，说领导不识人才。有时，他甚至还跟病人说，中医根本不靠谱，把主治医生气得顿足捶胸。半年的时间里，他犯了不少"大错"，这都是作为医生不该犯的错误，为了让他心理"平衡"点，不再怨声载道，医院主动跟他解除了合同。

不敬业、不专业的人，得到这样的结果是必然的。现代社会，眼高手低的人很多，总想着去创造不平凡，对枯燥单调的事情不屑一顾，觉得自己很有才学，做这些事没有前途……可真正让他去做重要的事情时，又因为缺乏经验和能力搞得一塌糊涂。试问：小事都做不好，如何做大事？只有全身心投入到工作中，以敬业的态度对待所有事，才有可能迎来机遇。

20世纪50年代初，美国有一个叫柯林的年轻人，每天早早地去卡车公司联合会大楼找零活做。后来，有一家可乐工厂需要擦车间地板的清洁工，其他人都不愿意去，柯林接了这份差事。他知道，做什么不要紧，只要做好了，总会有人注意到。一次，工厂有人打碎了50箱汽水，满地都是泡沫。柯林有点儿生气，但还是耐心地把地板清理干净了。第二年，他被调往装瓶部，第三年升职为副工头。

这次经历给柯林带来很大的触动，他在回忆录里写道："一切工作都是光荣的。永远尽自己最大的努力，因为有眼睛在注视着你。"多年后，全世界的目光都凝聚在他身上，因为他成了美国的国务卿。

哈佛大学曾经对1000名成功者进行过研究，结果发现：促使这些人成功的因素中，态度因素占据了80%。可见，不管做什么工作，敬业都是必不可少的职业习惯。只有敬业，才能从工作中发现更多的价值，学到比别人更多的经验，这些经验就是塑造不凡人生的资本。

古人讲究"一日不作，一日不食"，我们也应把工作当成和生命意义密切相关的事情。哪怕现阶段没有得到理想的工资待遇，也当忠于职守，毫不吝啬地付出。敬业，就是敬重你自己的工作，从低层次来讲是为了薪水，对得起老板；从高层次来讲，是将工作融入使命感和道德感。但无论从哪一个层次上讲，认真负责、一丝不苟、善始善终都是必有的态度。

那些受人敬重的不凡之辈，是无论老板在与否都会努力做事的人，是那些尽心尽力把信送给加西亚的人。他们永远不会被埋没，到任何地方都能闪现出光芒。奋斗与敬业是"亲兄弟"，奋斗的过程离不开敬业，对于各行各业的劳动者来说，敬业就是他们奋斗的姿态。

小锤开大石

一个人，一生能真正做好一件事，就是成功。一个企业，最重要的是要做好自己的主业，这样的企业才能成功。

专注对于一个渴望成功的人来说至关重要。即使有很好的天资，若不专注，而关心太多的事，就相当于把天赋分散，分到自己目标上的精力和心思就太少了。而即使没有优势，天资并不突出的人，若能做到专注，心无旁骛，也就能取得很好的成果。

如果你想成就一番事业，请你先专注你自己的内心。

日本企业有很多是长寿企业，存在了上百年的历史，日本企业长寿的一大原因，即坚守本业，也就是专注。

金刚组作为全球寿命最长的企业之一，在漫长的历史长河中，一直以建造佛寺为主，尤其是607年建造的法隆寺是日本木造建筑的巅峰之作，与四天王寺并列成为代表日本建筑的两大历史遗产。在金刚组人眼中，无论经济繁荣还是衰退，专注于自己的核心业务永远是生存之道。

金刚组曾遭遇的最大危机便是对这一原则的背离。在日本经济高速增长期，曾出现房地产热，金刚组也未能抵御住诱惑，除了建造寺庙、庭园外，开始涉足一般的建筑行业，并在泡沫经济破灭前凭借高质量、高价格模式获利。但随着泡沫经济崩溃，房地产市场陷入低价竞争，据金刚组社长小川完二回忆，金刚组当时名下的房产很多都是建设成本达

6 亿日元，但售价最多只有 5 亿日元。资产严重缩水的金刚组顿时陷入债务缠身的窘境，资金周转恶化，2006 年不得不宣布清盘。

危难时刻，出手相援的是大阪的知名建筑公司——高松建设，高松建设会长高松孝育认为："传统悠久的东西一旦破坏就再难复原，让'大阪之宝'——金刚组崩溃将是大阪建设行业的耻辱。"在高松建设的强势支援下，金刚组总算完成重建。如今的金刚组已经重新回到原点，回到金刚家族家训中的名句——"莫贪图赚太多钱"，心无旁骛地专注于寺庙建设等核心业务。

与之相似的还有日本知名的面包店——中村屋。创办于 1901 年的中村屋在日本几乎无人不晓，其创始人相马爱藏的经营理念就是"将来不管遇到什么事，都绝不插手大米期货市场和股票市场"。这样的理念也是代代相传，让中村屋在泡沫经济时期都没有像其他同行一样趁机急速扩张店铺，从而避免了泡沫经济破灭后的负债，当然更没有涉足股市去通过炒股获取暴利。

可以说，日本长寿企业的经验或教训，尤其是在泡沫经济时期的所作所为无一不让人深思、给人以启发。在世事喧嚣之下，在他人四处出击、五心不定的时候，专注是多么难得的品质。专注，也许会失去某些潜在机会，但同样可能规避某些不确定风险，专注的反面是浮躁，唯宁静方能致远。

对于一个企业来说，坚守本业特别重要，而对于奋斗中的个人来说更需要专注的精神。专注就是全身心地投入，心里只装着一件事。专注的力量很大，它能把一个人的潜力发挥到极致，所有的精力集中到一点。而事情的改变恰恰是从这一件事情或一个点上开始。

一位久负盛誉的推销大师在告别职业生涯之际，应多人要求，公开讲了一下自己一生取得多项成就的奥秘。

会场座无虚席，奇怪的是在前方的舞台上吊了一个大铁球。观众们都莫名其妙。这时，两位工作人员抬了一个大铁锤，放在大师的面前。大师请身强力壮的年轻人上来，让他用这个大铁锤去敲打那个吊着的铁球，让铁球荡起来。

年轻人抡起大锤，全力向那吊着的铁球砸去，可是吊球却动也没动。

这时，大师从口袋里掏出一个小锤，对着铁球敲了一下，然后停顿一下再敲一下。人们奇怪地看着，大师就这样持续地做着同样的动作。

10分钟过去了，20分钟过去了，会场开始骚动。大师仍然不理不睬，继续敲着。40分钟的时候，坐在前面的人突然尖叫一声："球动了！"霎时间会场鸦雀无声，人们聚精会神地看着那个铁球。铁球以很小的摆幅动了起来，不仔细看很难察觉。铁球在大师一锤一锤的敲打中越荡越高，场上爆发出一阵阵热烈的掌声。在掌声中，大师转过身来，慢慢地把那把小锤揣进兜里。

大师用小锤就可以敲动的球却不能被年轻人敲动，是因为大师的专注和坚持不懈。想要有所成就，就必须有专注的精神和坚持的毅力。

知道目的地的人走得最远

北京一家化工企业组织新员工进行体能拓展训练。事先将员工分为两组，安排他们分别沿着 10 公里的路向同一个村庄前进。在计划进行时，该企业特意借此机会做了一项试验。

A 组的员工不知道村庄的名字，也不知道路程的远近，只告诉他们跟着向导就行。B 组的员工知道村庄的名字、路程，且提前被告知公路上每 1 公里就有一块里程碑。

结果，A 组的人刚走了两三公里就有人开始叫苦，走到一半的时候有人出现了愤怒的情绪，说"就这么一直走下去，算什么拓展训练"、"什么时候才能到"。再后来，有人干脆坐在路边不想走了，总之越往后走员工的情绪越低落。

B 组的员工不一样，他们一边走一边看里程碑，每缩短 1 公里大家都觉得更有信心。一路上，他们边走边唱，消除了长途跋涉的枯燥和疲劳，情绪始终很高涨，很快抵达了目的地。

训练结束后，所有员工知道了"真相"，总结整个过程，他们明白，人应当有一个明确的目标，而不是盲目地走，如果不知道自己要去哪儿，怎么走都觉得是错的。树立了目标后，也不能指望一口气就抵达，好高骛远、心浮气躁，就会变成行动中的"矮子"。

高远的目标，空空的梦想，会让心变得浮躁。这种慌乱、匆忙和焦急，让人难以沉下心来做好每一天该做的事。我们可能会厌倦，认为现在的工作太平凡，太无趣，根本不值得投入精力去做，于是就变成敷衍了事，推诿应付。每天忙着憧憬心中的梦想，然后抱怨自己怀才不遇，愤愤不平。多数的时间，都陷入满腹牢骚中，愤愤不平。

曾有人这样说过："当你狂躁不安之时，你是一事无成的那一个。当你闷闷不乐之时，你是困难重重的那一个。当你高高在上之时，你是孑然一身、孤独终老的那一个。当你好高骛远之时，你是屡战屡败的那一个。"

人，向来都崇尚理想。有理想固然是好事，但前提是建立在现实的基础上。一个有理想的蚂蚁，理想是将自己变成最优秀的蚂蚁；一头有理想的狮子，理想是把自己变成最优秀的狮子。然而，蚂蚁若想变成狮子，不管怎么努力，都是枉然。

记住：罗马不是一天建成的。学习没有捷径，也无法速成，成功更需要从切实可行的基础做起，脚踏实地地学习，长久地坚持。不管你的能力有多强，也不要为了高而空的理想盲目地追寻，从最基础的事做起，用心对待每一天，把眼前的事做好，戒除浮躁，即便是普通平凡的工作，也可以创造精彩。

道虽迩，不行不至；事虽小，不为不成

感恩宣言

职场中，没有随随便便的成功，但总有人在成功。企业就是你攀登"成功之山"的"高梯"，需要你拥有穿越逆境的勇气，以奋斗为信仰，付出多于他人的努力，最终看到成功的样子。

请思考：

1.我是否认同"今日种种成功皆来自昨日种种努力"？

_____

2.我在工作中努力奋斗的动力有哪些？

_____

第三章

知行合一的奋斗是最好的感恩之行

脚踩泥泞才能遇见美景

有一篇报道说，南京中医药大学有七名人员在当地的一家洗浴中心给男女客人按摩、刮痧，他们中有教授、博士、硕士。消息一经传出，引起舆论一片哗然，许多人都在猜测：为什么白天在校园里讲授知识的学者们，晚上还要到洗浴中心工作？是不是工资太低了？是不是博士生都难找到工作？还是纯粹为了出名而作秀？

事情的真相，远没有舆论说的那么复杂。这七名高学历专业人士去洗浴中心工作，目的很单纯，就是为了通过实践提高自己的专业素质，积累经验，同时宣传中医学。

这些学者的学术精神和做法令人深感敬佩，现在有太多年轻的就业者们看不起基层环境，不屑于做基础的工作。他们自诩读了不少书，长了不少见识，心理上有一种优越感，稍微做了一点事就想着索取更多，对自己得到的愈发不满意。抱着这种心态，在职场混迹了几年，越想要的越得不到，怨怼抱怨的心理就出现了。

一位企业人事部的领导说，现在的毕业生找工作，最看重的两点就是薪水和职位。当你问他们有没有考虑过从一些基础的工作做起时，多数情况下，你看到的都是一张张不屑的脸孔，似乎在说："谁愿意做这些事呀？我可是 ×× 校出来的，这些工作你应该找那些低学历的人去做……"

　　文凭不是自恃的资本，现如今大学教育已愈发成为一种平民教育，本科生、研究生越来越多，社会上劳动力的整体素质都在提高，所以高学历者从事一些基础性、服务性的工作也很正常。退一步说，有一份基础性的工作，总好过不工作，且无论给你什么样的岗位，日后的发展都要靠自己的努力，重要的是一定得摆正心态。

　　哲学家尼采说过："一棵树要长得更高，接受更多的光明，那么它的根就必须更深入黑暗。"从某种意义上来说，人与树的生长历程是一样，想成就一番事业，心可以放在高处，但手一定要放在低处，从最基础的点滴做起，在现实中慢慢打磨和提升。

　　举个例子，你刚到用人单位，老板让你负责打印、复印、写通知、管档案等琐碎的工作，是为了让你熟悉公司的流程，适应新的环境，并不意味着你在这里就没有发展前途。你能把这些事情都做好，老板才会放心地交给你其他任务，这是一个循序渐进的过程。新人进入企业后必须接受具体实践的二次教育，来适应工作的流程、性质和特点。只有通过企业的重新塑造和个人的努力适应，才能使自己成为企业需要的人才。

　　某公司的老总曾招聘过一位助理，对他寄予厚望，希望他在几年后能成为公司人力资源部的主管。但老总也对他提出了要求，必须从基层做起：前半年先做业务，并达到业务主管的水平。这样做的目的，是希望他能够了解基层的情况，摆正自己的工作岗位在整个公司中的位置，更好地完成本职工作。

　　对于老总的用心和安排，助理表示理解和感激，开始时信心饱满、热血沸腾。可才过了一个月的时间，他就找到老总，说："我觉得这份工作还是不太适合我。"鉴于此，老总又给他调适到了其他的基层岗位，但他却一直无法踏实下来做事，最后只得辞职走人。

之所以会出现这样的状况，有心理上的"优越感"的因素，更重要的是，太渴望一下做出成绩，迈进成功人士的队列。殊不知，多少成功人士都是从第一线工作做起的，经历了多少年的打拼，才成为企业的高层。

就说联想集团原副总裁郭为吧，他刚进入联想时，是该集团最早一个拥有工商管理硕士学位的员工，但你知道他的第一份工作是什么吗？给领导开车门、提包。干了很长一段时间后，他才到一个只有 5 个人的公关部做部门经理。紧接着，他又在业务部门、企划部门和财务部门干了六年，再到广东新建的基地学习盖厂房，再到香港负责投资事务。八年的时间里，他换了十个工作岗位。最终，他成为联想的副总裁。

职场做事，放平心态很重要。一个人的事业发展，应当是梯次进步、逐渐抬升的过程。在基层工作，做基础的工作，并不代表自己的价值被贬低了。只要你安心把每件事都做得到位、出色，会有更多的机会和重任等着你。最怕的就是，自恃能力高，总觉得做基础的工作太委屈，这山望着那山高，最后走上了频繁跳槽的路。

有一个男孩子毕业两年，做了五份工作。他先在家乡的某中学当教师，半年后厌倦了三尺讲台和作业本，想改变这种两点一线式的生活，就辞职去了大城市闯荡。看到都市里出入写字楼的高级白领，开着私家车的职业经理人，他开始对金钱产生了前所未有的欲望，找工作的目标也转移到高薪上。

后来，他在各大招聘会游荡，做过保险、干过代理，还在超市做过柜台经理，每一次换工作他都觉着自己能赚到大钱，但现实却不尽如人意。现在，他除了能拿出一张华丽的名片外，并没有什么真本事，工资也不高。

　　偶然的一次机会，他回到原来任教的学校，当年和他一起入职的同事已经评上了职称，工资也比过去高了许多。直到这时，他才感到有些后悔：若是当初自己能踏踏实实当好老师，说不定也可以在岗位上有一番作为呢！现如今，折腾了一大圈，却还没找到落脚点……

　　刚进入一个新的行业、新的领域，职业技能没有完全掌握住，尚处于不定型的阶段，此时一定要保持平和的心态，静下心来踏踏实实地学东西，让自己更充实。任何情况下，生活都不会辜负一个全力以赴、踏实努力的人。待你具备了丰富的经验、精湛的能力时，薪资待遇、晋升机会都会随之而来。不要问成功的路在何方，路，就在脚下！只要认真去走，前途必然是光明的。

工欲善其事，必先利其器

　　"工欲善其事，必先利其器。"这句话说的是，工匠想要把他的工作做好，一定要先让工具锋利，比喻要做好一件事，准备工作非常重要。语出《论语·卫灵公》："子贡问为仁。子曰：'工欲善其事，必先利其器。居是邦也，事其大夫之贤者，友其士之仁者。'"

屠呦呦获诺贝尔奖

　　2015 年 10 月 5 日，中国科学家屠呦呦和两名外国科学家，因在疟疾治疗研究中所取得的成就，荣获 2015 年诺贝尔生理学或医学奖。

踏实和勤奋，是屠呦呦从小就养成的习惯。25 岁那年，她以优异成绩从北京医学院药学系毕业，被分配到卫生部直属的中医研究院（现中国中医研究院）工作。从此，她埋头从事生药、炮制及化学等中药研究，一干就是半个世纪。

刚参加工作的时候，研究院条件非常艰苦，设备极为简陋，只有用于土法提炼的七口大缸和几间平房。但是，屠呦呦从不抱怨，一心扑在工作上。那时，她患结核病，仍然坚持去野外采集标本，认真实验，从不耽误。短短几年里，她的半边莲和中药银柴胡两项生药学研究成果，相继被收入《中药志》。

1969 年 1 月 21 日，中医研究院任命屠呦呦为科研组组长，参加全民抗发症疾 "523" 项目。作为科研组组长，屠呦呦带领团队成员，从系统整理历代医籍入手，四处走访老中医，先后调查了 2000 多种中草药制剂，选择了其中 640 种可能治疗症疾的药方，最后，从 200 种草药中，得到 380 种提取物，进行小白鼠抗症实验。

然而，实验进行了 190 次，始终没有获得满意结果，研究一度陷入绝境。面对这种情况，屠呦呦没有气馁，没有停止探索的脚步。屠呦呦一部接一部地翻阅着古代医药典籍，以期获得一点线索或灵感。有一天，翻着翻着，屠呦呦突然眼前一亮，一行文字令她激动不已。那是东晋葛洪的《肘后备急方·治寒热诸症方》中的一句话："青蒿一握，以水二升渍，绞取汁，尽服之。"她注意到，这里记载的取汁方法与常规法不同，不是煎熬，而是"绞取"——这是否意味着青蒿里的有效物质不能高温煎熬呢？想到此，屠呦呦立即改用沸点较低的乙醚进行实验，在 60 摄氏度下获得了青蒿提取物，发现其对症原虫的抑制率达到 100%。

成功属于有准备的人，显然，屠呦呦就是一个有准备的人，她用踏实与勤奋，为自己赢得了成功。数学家华罗庚曾说："科学是老老实实的学问，搞科学研究工作就要采取老老实实、实事求是的态度，不能有半点虚假浮夸。"屠呦呦的成就正是对这句话最好的注解。

某企业打算招聘一位技术主管，在众多求职者中，其中甲和乙两个人在知识、技术和能力方面都很接近。正当公司为录用哪一个更合适而发愁时，乙主动给公司的人力资源部打了一个电话，并发了一封邮件。信中详细表达了他希望加入公司以及自己是合适人选的原因，此外还有他在学校发表的论文、导师的推荐信及他希望来公司所做的一些课题等。

乙的这番积极主动的做法，使企业最终决定录用乙。

很多时候，比别人跑得快了一点点，得到的却是完全不同的另一种收获。工作中唯有那些积极主动，跑在别人前面的人才善于创造和把握机会，并能从平淡无奇的工作中找到机会。

没有成功会自动送上门来，也没有幸福会平白无故地降临到一个人的头上，这个世界上一切美好的东西都需要我们主动去争取。机会经常是属于那些跑在前面的人，因为只有走在别人前面的人才能有机会握到成功之手。只有凡事比别人提前一点，你才会离成功更近一点。

未雨绸缪，意思是说在下雨之前或者不下雨的时候要先修缮房屋门窗，以防备下雨的时候被雨淋。生活与工作中很多重要的事情，都需要在之前做好准备，这就是制订计划的原因。

重点思维——举网以纲，千目皆张

重点思维意味着你知道自己该做哪些事、不该做哪些事。你的一天只有 24 小时，你能完成多少工作？在信息庞杂、速度加快的现代职场中，我们必须在愈来愈少的时间内，完成愈来愈多的工作。在如今日趋复杂与紧凑的工作步调中，重点思维是最好的应对之道。

卡尔森的启示

卡尔森是一个具有重点思维习惯的人。1968 年，他加入温雷索尔旅游公司从事市场调研工作，3 年后，北欧航联出资买下了这家公司，卡尔森先后担任了市场调研部主管和公司部门经理。

卡尔森熟悉业务，并且善于解决经营中的主要问题，他的经营才能得到了北欧航联的高度重视，他们决定对卡尔森进一步委以重任。北欧航联下属的瑞典民航公司购置了一批喷气式客机，由于经营不善，连年亏损，到最后连购机款也偿还不起。1978 年，卡尔森出任该公司的总经理。

担任新职的卡尔森充分发挥了擅长重点思维的才干，他上任不久，就抓住了公司经营中问题的症结：国内民航公司所订的收费标准不合理，早晚高峰时间的票价和中午空闲时间的票价一样。卡尔森将正午班机的票价削减一半以上，以吸引去瑞典湖区、山区的滑雪者和登山野营者。

此举一出，很快就吸引了大批旅客，载客量猛增。卡尔森掌舵后的第一年，瑞典民航公司即扭亏为盈，并获得了丰厚利润。

　　从重点问题突破，是成大事者思考的习惯之一，因为没有重点的思考，等于毫无主攻目标，所以要养成正确的思维方法。

　　正确的思维方法包含了两个方面：第一，必须把事实和纯粹的资料分开；第二，事实必须分成两种，即重要的和不重要的，或有关系的和没有关系的。

　　在达到你主要目标的过程中，你所使用的所有事实都应该是重要而有密切关系的，那些不重要的往往对整件事情的发展影响不大。

　　那些有成就的人都已经培养出一种习惯，就是找出并设法控制那些最能影响他们工作的因素。这样一来，他们也许比一般人工作得更为轻松愉快。他们知道如何从不重要的事实中抽出重要的事实，所以，他们等于为自己的杠杆找到了一个恰当的支点，只要用小指头轻轻一拨，就能轻易玩转那些沉重的工作。

　　只有养成了重点思维的习惯，才能在实际工作中避免"眉毛胡子一把抓"，抓住重点，从而取得良好的成绩，赢得成功。

　　培养重点思维的方法：

　　（1）坚持"要事第一"原则

　　"要事第一"是指我们在平时工作中要善于发现决定工作效率的关键，在第一时间解决排在第一位的事情。著名的逻辑学家布莱克斯说过："把什么放在第一位，是人们最难懂的。"永远做最有价值的事，养成要事第一的习惯，这将成为你的业绩不断提升、工资不断上涨的砝码。

　　曾为美国第二大钢铁公司的伯利恒钢铁公司成立之初，只是由联合铁厂和其他几家小公司合并组成的小钢铁厂。当时公司的创始人查尔斯·施瓦布曾向效率专家艾维·利请教"如何更好地执行计划"。

艾维·利说："好！我10分钟就可以教你一套至少提高50%效率的最佳方法。"

"把你明天必须要做的最重要的工作记下来，按重要程度编上号码。最重要的排在首位，以此类推。早上一上班，马上从第一项工作做起，一直到完成为止。然后用同样的方法对待第二项工作、第三项工作……直到你下班为止。即使你花了整天的时间才完成了第一项工作，也没关系。只要它是最重要的工作，就坚持做下去。每一天都要这样做。在你对这种方法深信不疑之后，让全公司的人也这样做。"

"这套方法你愿意试多久就试多久，然后给我寄张支票，并填上你认为合适的数字。"

施瓦布认为这个思维方式很有用，不久就填了一张25000美元的支票寄给了艾维·利。5年后，伯利恒钢铁公司从一个鲜为人知的小钢铁厂一跃成为大型的钢铁生产企业。人们都认为，艾维·利提出的方法很有效。多年以后，施瓦布还常对朋友说："我和整个团队坚持只拣最重要的事情去做，我认为这是我们公司多年来最有价值的一笔投资！"

艾维·利的方法，用一句话概括就是先做重要的事。因为人的时间和精力是有限的，如果过分在小事上劳心费神，就会荒废了大事。

（2）分清要事

分清什么是最重要的并不是一件易事，我们常犯的一个错误是把紧迫的事情当作最重要的事情。实际上，紧迫只是意味着必须立即处理，但它们往往不是很重要的。比如电话铃响了，尽管你正忙得焦头烂额，也不得不放下手边的工作去接听。所以，要坚持"要事第一"，就要学会分清何为要事。

重要的事情通常是与目标有密切关联的并且会对你的使命、价值观、优先的目标有帮助的事，这里有 5 个标准可以参照。

1. 完成这些任务可使我更接近自己的主要目标（年度目标、月目标、周目标、日目标）。

2. 完成这些任务有助于我为实现组织、部门、工作小组的整体目标做出最大贡献。

3. 我在完成这一任务的同时也可以解决其他许多问题。

4. 完成这些任务能使我获得短期或长期的最大利益，比如得到公司的认可或赢得公司的股票等。

5. 这些任务一旦完不成，会产生严重的负面作用：生气、责备、干扰等。

根据紧迫性和重要性，我们可以将每天面对的事情分为四类：重要且紧迫的事；重要不紧迫的事；紧迫但不重要的事；不紧迫也不重要的事。只有合理高效地解决了重要而且紧迫的事情，你才有可能顺利地进行别的工作。重要但不紧迫的事情要求我们具有更多的主动性、积极性、自觉性，早早准备，防患于未然。剩下的两类事或许有一点价值，但对目标的完成没有太大的影响。

你在平时的工作中，把大部分时间花在哪类事情上？如果你长期把大量时间花在不重要但紧迫的事情上，可以想象你每天的忙乱程度：一个又一个问题会像海浪一样冲来，而你十分被动地一一解决。长此以往，相信老板再也不敢把重要的任务交付给你，你早晚有一天会被这种生活方式击倒、压垮。

只有重要而紧迫的事才是需要花大量时间去做的事。它虽然并不紧急，但决定了我们的工作业绩。二八法则告诉我们：应该用 80% 的时间做能带来最高回报的事情，而用 20% 的时间做其他事情。取得卓越成效的员工都是这样把时间用在最具有"生产力"的地方。

所以，我们要找准靶心，培养重点思维，养成做"要事"的习惯，对最具价值的工作投入充分的时间。这样，工作中的重要的事不会被无限地拖延，工作对你来说也就不会是一场无止境、永远也赢不了的赛跑，而是可以带来丰厚收益的活动。

如果，你拥有一万双眼睛，为什么一直还只用一双眼睛看世界？

奋斗是一件"认真"的事

很多在基层工作了多年的员工，他们都曾说过类似这样的话："我不是甘于现状的人，就是没碰到合适的机会……"仔细揣摩，这句话其实是有两层含义的。

不甘于现状，一方面是我们所理解的有志向、有理想、有追求，不愿意一辈子平平庸庸；另一方面则是，不愿意接纳现在的工作和生活，总觉着这不该是自己应有的状况。那么，是谁造成了这样的局面呢？机会！他们把一切归咎于外界的客观因素，强调一定要遇到某个合适的机遇，才能够改变现在的一切。

是这样吗？其实，就算真的有一个合适的机会，他们也未必能如愿以偿。

多少人都在憧憬着功成名就，在事业上有一番作为，不甘庸庸碌碌地过一辈子；多少人在寻找着成功的秘诀，试图在短期内出现逆转人生的可能……很遗憾地告诉大家，这是不可能的事。成功不是某一种品质和某一种行为塑造的，而是多方面因素叠加的结果。当你不甘现状的时候，你有没有反思过：你认真对待过自己的"理想"吗？

世上没有一步登天的事，任何人想要脱颖而出，都不免要走这样一条路：简单的事情认真做！如果连简单的事情都做不好，或是不愿意付出心血认真去做，谈何去处理复杂的事、全局性的事？有谁敢冒险将这样的重担交给你呢？

有一个大学生，刚毕业时，喜欢写作的他，调入单位办公室做文职。一天晚饭后，单位领导打来电话，询问从总部发往重庆的班车情况。接到电话后，他立刻翻出通讯录，询问后连忙给领导回信。

"我问过了，咱们油田总部一所院内就有车。"他对自己的汇报似乎挺满意。这时，领导在电话那头又问："车是几点的呀？"他又赶紧打电话联系，随后告知9点出发。没想到，领导还有疑问："都有什么车？是普通大巴还是客卧？"他慌里慌张地赶紧联系，最后告诉领导："9点有客卧。"他长舒了一口气，心想着这回总该完事了吧？

万万没想到，领导又发问了："怎么买票呢？提前订还是上车再买？"

"您等会儿，我再问问。"

这时，他听见领导在电话那头轻叹一口气，说："得了，我已经到了油田一所院里，我自己去问吧！"说完，就挂了电话。

这本是一件小事，或者说是一次小小的失误，却给这位大学生留下了深刻的教训。他说："如果能认真点儿，当成自己的事去办，就不会让领导觉得自己粗心大意了。这件事提醒了我，不管做什么都不能草率大意，有时你认为不起眼的事，稍微疏忽了一点儿，就会给人留下不靠谱的印象。"

的确如此。何谓认真？认真的首要释义就是——严肃对待，绝不苟且。

认真是一种态度。无论身处的岗位是高管还是基层，无论交予的任务是大是小，都要秉持严肃的态度去对待，不因事小而不为，不因事小而马虎。每个人都有理想，都有高远的目标，正因为此，你才更需把精力放在要做的、该做的事情上，积极、正确地去对待自己的工作。否则的话，理想就成了空想，你的不甘现状就成了好高骛远、浮躁不安。

认真是一种责任。在许多老板心目中，优秀的员工不一定要有多高的学历、多丰富的经验、多高超的技能，但是对工作要有认真负责的精神。你将他安置在任何一个岗位上，他都能一丝不苟地执行任务，将公司的事当成自己的事，将公司的兴衰看成自己必须肩负的责任，不推诿、不抱怨、不拖延，这才是真正的优秀。

认真是一种坚守。在一件事上认真很容易，但要认真一辈子，却并不简单。对多数人来说，长年累月都是做着同样的事，从早到晚都是干一样的活，辛苦、枯燥是难免的，面对这样的现实，为什么有人依然能够持之以恒地坚持下去呢？因为，他们内心有一份坚定的理想信念，他们切实地把理想融入了现实中，认真把握每一个工作机会，在平凡的岗位上书写不平凡的人生。

认真是实现理想最坚实的桥梁，更是一个在繁杂职场中立足、无往不利的法宝。把你所有的认真拿出来，放到你的工作中，让所有的人看到你的态度，见识你的才华，你的一丝不苟终会让你的成长道路越走越宽。

时光不负有心人

生命是以时间为单位的，浪费别人的时间等于谋财害命，浪费自己的时间等于慢性自杀。在所有的资源中，唯有时间是不可保存、不可转换，也不能停止的。时间永远是短缺的，它没有弹性，也找不到替代品。做时间的掌舵者，就是要合理地规划自己的时间，提高工作效率，避免陷入"事务主义"。

时间管理四象限法则

分辨事情的重要性、紧急性是合理规划时间的第一步，也是一个令人困惑的问题。著名管理学家科维提出了时间管理的四象限法则，把工作按照重要和紧急两个不同的程度进行了划分，基本上可以分为四个"象限"：既紧急又重要、重要但不紧急、紧急但不重要、既不紧急也不重要。

第一象限

这个象限包含的是一些紧急而重要的事情，这一类事情具有时间的紧迫性和影响的重要性，无法回避也不能拖延，必须优先处理解决。它表现为重大项目的谈判，重要的会议工作等。

第二象限

第二象限不同于第一象限，这一象限的事件不具有时间上的紧迫性，但是，它具有重大的影响，对于个人或者企业的存在和发展以及周围环境的建立维护，都具有重大的意义。

制订计划的目的是把那些重要而不紧急的事情，按部就班地高效完成。因此要学会怎么样制订计划，怎么样做准备。计划、准备、学习、培训等都是重要的预防或者重要的储备工作。

第三象限

第三象限包含的事件是那些紧急但不重要的事情，这些事情很紧急但并不重要，因此这一象限的事件具有很大的欺骗性。很多人认识上有误区，认为紧急的事情都显得重要，实际上，像无谓的电话、附和别人期望的事、打麻将三缺一等都并不重要。这些不重要的事件往往因为它紧急，会占据人们很多宝贵的时间。

第四象限

第四象限的事件大多是些琐碎的杂事，没有时间的紧迫性，没有任何的重要性，这种事情与时间的结合纯粹是在扼杀时间，是在浪费生命。发呆、上网、闲聊、游逛，这是饱食终日无所事事的人的生活方式。

人生太短，来不及做的事情很多，选择你寻找的，坚持你信仰的，人生只需要做一件成功的事情就很不错了。如何选择和合理安排你的时间便是一个必须考虑的问题。

（1）从日常生活做起，从小事做起

我们总说细节决定成败，如果在生活里不能合理安排自己的时间，又如何安排以后的生活呢？不要轻易怀疑自己做得到底对不对，如果从一开始，你就没有做好选择，那么你只有重新开始了，但是一旦开始了，就要一如既往。

（2）列一张时间表

一个一个地写出自己要做的事情，并为自己设定时间表，在规定的时间内完成自己规划好的事情。

为自己制定一定的人生规划与职业方向。总要有一份工作让你倾尽全部身心，没有方向的鸟是飞不起的，没有梦想的人是可怕的。知道自己想做的，坚持住。

（3）不拖拉，不找借口，按时完成任务

当我们决定去做一件事时，不要拖拖拉拉，给自己找一万个不想去的借口，而是要全身心地投入要做的事情，只有这样才能在日积月累中获得成功。如果总是在找借口，最后只能被借口吞没。

（4）写个备忘，做个计划

人总是有惰性的，所以我们要写一些备忘贴在经常看见的地方，时刻提醒自己该做什么，这也是在培养自己的时间观念和记性。对事情有一个合理的安排，这就意味着我们能够分清事情的轻重缓急，重要的事情先去做，从而管理好我们的时间，做时间的主人。

（5）注意休息，准时饮食

合理安排时间并不是一直处于忙碌的工作状态，我们更要安排好饮食的时间，不要第一天 10 点吃早餐，第二天 7 点吃早餐，第三天干脆不吃了。充足的睡眠也是必要的，要保证好休息时间，才有精力做好事情。

（6）适当娱乐，放松心情

周末的时候可以适当放松一下心情，出去郊游或者逛街都是不错的选择。要做到松弛有道，合理安排时间。

（7）借助时间管理软件

可以下载一两款比较适合自己的时间管理 APP，帮助自己规划好时间。有些 APP 可以帮你将工作生活的时间进行细分，记录你一天中所有的时间消耗，比如跟别人打电话 10 分钟，完成工作报告 30 分钟等。看似琐碎的记录其实就是你生命的流逝，我们有责任知道自己的时间究竟去哪儿了。

掌握了以上这些基本技术，剩下的就只有坚持了。一开始你可能会觉得不适应，但是时间久了这些都会成为你生活的一部分。而且相信你一定能体会到坚持带给你的变化，让自己成为时间的掌舵者。

掌握奋斗的"精度"

人类对于外部客观世界的认知程度与精确度密切相关，认知的精准度越高，奋斗精神发挥作用就越显著。

随着对世界的认识越来越深入，我们会发现一个不争的事实：模糊思维的局限性越来越大，越来越难以适应今天的社会发展。特别是当我们无法有效地使用精确化的符号工具，在今天更是寸步难行。建立精确思维，就需要精确的符号工具。

古代的农民，日出而作，日落而息。所谓"日出"，就是"太阳出来的时候"，是一个模糊的符号工具，在古代使用没有问题。可是今天，我们还能根据太阳的高度来判断出门的时间吗？肯定不行，因为社会规则要求我们，要用更准确的符号工具来表达，我们必须要在"8点半"准时到单位。晚了一分钟就算迟到。这就是精确化的符号工具和精确化的思维，容不得半点马虎。

我们不仅在时间上要有精确思维，语言表达也需要更加精确。现如今，我们去看古代人写的许多文章，文采自然不必多说，立意也很高远，但似乎总是差了那么一点精确化的东西，即使是大臣写给皇帝的奏折，按道理也是要准确地表达某一事件的，可我们回过头去看这些奏折时，会发现里面有大量的模糊化的用语，什么"损伤过半"、"大雨如注"、"灾民遍野"，这些都不是准确的用词。

明太祖朱元璋，手下有一个臣子叫茹太素，这位大臣给皇帝上了一道奏折，弯弯绕绕有近两万字，皇上看得头晕眼花，让中书郎王敏念给他听。结果，念到一半了还是在讲废话，这可把朱元璋气坏了，当时就下令把茹太素拖过来打板子。朱元璋是一个英明的君主，打完了板子，奏折还是得听。第二天，总算把他的折子看完了，并从中提炼出了五条建议，其中四条都被采纳了。

有话不直说、有事不明说，这是模糊化思维下的一种奇怪现象。到了今天，这种现象越来越少了，我们看现在的报告性文章，里面大都是以数据和实例讲话的，这就精确了很多。可正如我们前面所讲，尽管情况发生了变化，但是这种模糊化的思想，依旧藏匿于我们心里的某个地方，总在某些不需要模糊的事情上悄悄地发挥着效用。

那么，怎样才能够强化我们的精确思维，实现精确思考和精确表达呢？

第一，在思考或表达一件事时，精确地勾勒出现状。

现状是已经发生的、可以测量的，很容易实现精确表达。在描述现状的时候，我们要尽量多用数据、实例和成熟的专有名词，少用一些模糊化的用语。

第二，精确地勾勒出现状之后，找出确切的问题。

想准确地找到问题，一是需要个人的分析能力，二是需要专业的科学素养。个人能力很难在短期之内改变，可是科学素养，也就是我们所说的科学精神，只要在找问题的时候把握住八个字的精髓便能够保证不偏离正轨——深入研究、实事求是。

第三，针对确切的问题，提出有针对性的方案。

问题明确了，接下来就要准备方案了。我们经常会在一些方案中听到这类描述：面对困难，在接下来的一年中，我们要精诚团结、自力更生、不断进取、勇攀高峰。这个方案对不对？对，做好事情，确实需要这些东西来支撑。可问题是，具体要怎么做呢？方案中并没有说出来，还得靠个人领会。

每个人的立场不同，领会能力也不同。领会到精要，做到位了，就说是方案的功劳；领会得错了，没有做好，就说是没有按照方案执行。这种逻辑行得通吗？完全是通过模糊化的处理，给了类似的方案一个不败之地。说到底，是一个责任归属的问题。有时候方案模糊，并不是能力的问题，而是没有一个明确的责任划分，这也是科学精神缺失的表现。

如果我们在处理任何一件事时，都能做到精确地表述现状，找出确切的问题，拿出具体可执行的方案，那不仅可以强化我们的精确思维，也能让我们更精确地投入到行动中，让付出发挥实效。

让问题到"我"为止

> 每一个人都应该有这样的信心：人所能负的责任，我必能负；人所不能负的责任，我亦能负。如此，你才能磨炼自己，求得更高的知识而进入更高的境界。
>
> ——林肯

美国第 33 任总统杜鲁门，是美国 20 世纪唯一一个没有读过大学的总统，但他的学识和智慧却不逊色于任何人。他在白宫任职时，椭圆形的总统办公厅的书桌上，一直摆放着这一句座右铭：The bucks stop here，意即"水桶到此为止"。

杜鲁门推崇这句箴言，其实是有典故的。英国人刚踏上美洲的时候，有一个传统：如果水源离生活区有一段距离，大家就会排成队，以传递水桶的方式把水运到生活区来。后来，这句话的意思被引申，就成了"把麻烦传给别人"，意指推诿。

作为一个有担当的人，杜鲁门自然很不屑于这样的处事作风，他贴上这样一张字条，是在提醒自己和周围的人：当问题发生的时候，不要试图去找替罪羊，要积极地寻找解决之道，让问题到自己为止。

现代的职场人，也当具备"有担当，负责任"的态度，拿出一种"迎难而上，不达目的不罢休"的钉子精神。困难来了，麻烦来了，不要总想着逃避推脱，你推我、我推你只会让困局变得更棘手。只有拿出突破困境的勇气，扛起一份沉重的责任，才有可能在压力中释放潜能，在庸碌的人群中凸显不俗。

一家做直销品的公司，产品质量很好，销路也不错，唯独经营方面缺乏经验，时常是产品卖出去了，货款却收不回来。公司的一位大客户，半年前买了 10 万元的产品，但总以各种理由推脱着不肯付款。

对这样的情况，公司只好不停地派业务员去追账。第一次，是业务员 A 去的，碰了一鼻子灰，客户没给他好脸色，说产品销量一般，搞不好还得退一部分的货，让 A 过一段时间再来。A 知道这位大客户很重要，心想着：反正也不是欠我的钱，公司也不缺这点钱，过段时间再联系吧！

看到 A 无功而返，公司又派业务员 B 去讨账。情形和第一次差不多，客户的态度依然是不配合，但没有开始时那么理直气壮了，而是委婉地告知，这段时间资金周转困难，希望能得到理解，说等资金到位了一定还钱。见对方都这样说了，B 也不好意思死缠烂打，只好暂时作罢，回了公司。

无奈之下，公司只好再派业务员 C 去讨账。C 比较倒霉，前两位业务员刚刚催过客户，他这么快又出现，客户有些生气了，刚见面 C 就被指桑骂槐地训斥了一通，说公司三番两次来催账，摆明了就是不信任他，这样的话以后就没法合作了。

C 是一个沉稳的人，没有被客户的胡搅蛮缠吓退，而是见招拆招，想办法与之周旋。客户知道磨不过这位不愠不火的业务员，只好同意给钱，当即开出一张 10 万元的支票给对方。C 很高兴，以为大功告成了，却没想到，到了银行取钱时被告知，账户只有 99910 元，对方耍了一个花招，故意给出一张无法兑现的支票。

眼见就要到年底了，若还不能及时结款，又不知道要拖到什么时候，怎么办呢？碰到这样的情况，很多人可能会拿着一张空支票，到老板那里诉说对方的不靠谱，但 C 没有那么做，他知道此时此刻，说什么都没有用，想办法拿到货款才是正事。既然出了问题，就不该再把问题带回公司，尽量让它到自己为止。

突然间，C 想到了一个点子。他自己拿出 100 元钱，把钱存到客户公司的账户，这样一来，账户里就有了 10 万元，他立即将支票兑了现。这件棘手的事情，总算圆满地解决了。

做事情就是要逢山开路遇水架桥，绵绵用力久久为功。遇到一点挫折，碰上一个难题，就打退堂鼓，找理由逃避，最终的结果就是毫无结果。就像钉钉子，要一锤接一锤地敲，才能把钉子钉实钉牢。钉牢一颗再钉下一颗，不断钉下去，必然大有成效。业务员 C 的行为，就凸显着这种精神。遇到困难的时候，没有像前两位同事一样，把问题带给老板，或是转交给其他同事，而是竭尽全力地去想办法，他不觉得这是公司的事，而是将其视为自己的责任。

现实中，我们经常看到的是什么样的态度呢？碰到问题就找借口，说真的是没办法，所有办法都用过了，还是不行！三个字"没办法"，就成了不用继续努力的最佳理由。其实，是真的没有办法吗？非也！办法不是等出来的，而是想出来的，未曾好好动脑筋去想，自然不可能有办法。

卡内基曾经在宾夕法尼亚匹兹堡铁道公民事务管理部做小职员。有一天早上，他在上班途中看到一列火车在城外发生意外，情况危急，但此时其他人都还没有上班。一时间，他不知道该怎么办才好，打电话给上司，偏偏又联络不上。

怎么办呢？在这样的情况下，他深知，耽误一分钟，都有可能对铁路公司造成巨大的损失。虽然负责人还没到岗，但也不能眼睁睁地看着。卡内基当即决定，以上司的名义发电报给列车长，要求他根据自己的方案快速处理此事，且在电报上面签了自己的名字。他知道，这么做有违公司的规定，将会受到严厉的惩罚，甚至遭到辞退，但与袖手旁观相比，这样的损失微不足道。

几个小时后，上司来到了办公室，发现卡内基的辞呈，以及他今天处理事故的详细经过。卡内基一直等着被辞退的决定，可一天过去了，两天过去了，上司迟迟没有批准他的辞职请求。卡内基以为上司没有看到自己的辞呈，就在第三天的时候，亲自跑到上司那里说明原委。

"小伙子，你的辞呈我早就看到了，但我觉得没有辞退你的必要。你是一个很负责任的员工，你的所作所为证明了你是一个主动做事的人，对这样的员工，我没有权力也没有意愿辞退。"上司诚恳地对卡内基说了这样一番话。

不把问题留给老板，不把难题推给同事，有一种死磕到底的韧劲儿，这就是职场中最缺乏的钉子精神。对待工作中林林总总的问题，不要幻想着逃避，让问题到"我"为止。

天下大事，必作于细

正如一条铁链是由无数铁环组成的一样，每一件事情也由无数个小的细节组成。那些看似普普通通却十分重要的细节，处理得好会产生巨大的作用，使你走向成功的目的地；而一旦忽视这些细节，你将饱受失败的痛苦。正如铁链，无论其中哪一个铁环断掉，整条铁链也就失去作用。

人类航天事业的发展史上有很多这样的例子。1969 年 7 月 21 日，通过火箭发射、绕月飞行、登月舱与指令舱分离、着陆等多个环节的密切、严谨配合，人类首次踏上月球，实现人类对月球的实地考察。而 17 年后的 1986 年 1 月 28 日，挑战者号航天飞机在升空 73 秒后却爆炸解体，机上的 7 名宇航员全部遇难，引起事故的原因仅仅是飞船右侧固态火箭推进器上面的一个 O 形环失效。

航天飞机如此，宇航员也有很多细节决定成败的例子。加加林作为第一个进入太空的地球人，能从众多候选宇航员中脱颖而出，原因是多方面的，但每次进入飞船时为了不带进一丝尘埃而脱鞋的举动无疑帮了他不小的忙。而筛选时的 1 号种子选手（加加林原为 3 号，2 号是季托夫），宇航员邦达连科却因训练结束后随手将擦拭传感器的酒精棉球扔到了一块电极板上，引起船舱起火，自己被严重烧伤后不治身亡。

加加林的脱鞋举动虽然只是工作中的一个小细节，但这个细节却能折射出一个人的严谨与敬业精神，以及对所从事工作的无比热爱，这也是飞船主设计师科罗廖夫对他产生好感并最终力荐的原因。加加林因为注重细节，成为世界上第一个进入太空的宇航员；邦达连科因为没有注重细节，成为人类航天史上第一名有记载的牺牲者。正所谓：成也细节，败也细节。

可能有人会说，航天业是一个特殊的行业，宇航员也是一种特殊的职业，自己作为一名普通人，无须如此严谨，也无须注意这样那样的细节。这样想的话，那你真的错了！须知我们现在所熟知的名人、伟人，原本也只是普通人、平凡人，只因他们关注了我们未关注到的细节，做了我们未曾注意到的一件件小事，并经过持之以恒的努力，加上准确把握机遇才变得不平凡、不普通。这不是夸大其词。引发牛顿思考万有引力的是砸在他头上的一颗苹果；瓦特发明蒸汽机是从火炉上一次次被顶起的壶盖中获得灵感；张瑞敏入主海尔后制定的第一条制度是"不许随地大小便"；阿基伯特作为美国标准石油公司的第二任董事长，最初被上司注意是因为他"每桶 4 美元"的签名；美国福特公司名扬天下，可谁又能想到该奇迹的创造者福特当初进入公司的"敲门砖"竟是"捡废纸"这个简单的动作！

这说明不管是科学研究还是人生职场，成功都有一个从量变到质变的过程。也许你只是一名普通士兵，每天做的工作就是队列训练、战术操练、巡逻排查、擦拭枪械；也许你只是一名饭店服务员，每天的工作就是对顾客微笑、回答顾客的提问、整理打扫房间；也许你只是一名办公室小职员，每天从事着最简单、最低级的工作，或是复印扫描文件一上午，或是打电话一整天，琐碎而又繁杂。有很多不懂，有很多无奈，工作缺少色彩，未来看不到尽头。但谁的职场不是这样开始？谁的青春不曾迷茫？同样是小事、细节，有的人却能做出不一样的成绩。

我们不乏志向宏大、想做大事的人，但愿意做小事，并把小事做细的人少之又少。面对小事、烦琐的工作，我们总觉得"屈才"，觉得"英雄无用武之地"，于是就"做一天和尚撞一天钟"，再到后来连撞钟的气力也没有了，还引出了许多不愉快。殊不知，"合抱之木，生于毫末；九层之台，起于累土；千里之行，始于足下"。伟业固然令人神往，但构成伟业的却是许许多多毫不起眼的细节。只有改变心浮气躁、不求甚解的毛病，脚踏实地，从小事做起，做好每一个细节，才有可能成就伟业。

细节同时也能改变一个人的性格。注意细节的人往往做事谨慎，言行举止都很小心，经常注意自己的各种行为，这就使他能在社会中立足，在人群中树立威信，能交到更多的益友，从而形成良好的人际关系。反之，一个不注意身边细节的人做每一件事都会出现遗漏与错误，导致问题频发，事业失败。

"一只蝴蝶在南美洲亚马孙流域的热带雨林扇动翅膀，两周之后美国的得克萨斯州将面临一场龙卷风袭击。"这就是气象学上有名的"蝴蝶效应"。把它推广到人生处世哲学中，可以得出一句话——细节决定成败。

"88888 账户"毁了巴林银行

巴林银行集团是英国伦敦城内历史最久、名声显赫的商人银行集团，素以发展稳健、信誉良好而驰名，其客户也多为显贵阶层，包括英国女王伊丽莎白二世。该行成立于1763年，其创始人弗朗西斯·巴林爵士时常夸耀其具有5个世袭贵族的血统，比中世纪以来的其他任何家族都要多。巴林银行在世界金融史上具有特殊地位，被称为金融市场上的金字塔。它最初由一家贸易行开始，不断拓展，成为政府债券的主要包销商，在欧洲金融界具有举足轻重的地位。巴林银行不仅为一大批富贵人家管理钱财，还为英国政府代理军费，慢慢从一个小小的家族银行，发展成为一个业务全面的银行集团。在最鼎盛时，其规模可以与英国其他银行体系的总和相匹敌。

然而1995年2月26日，英国中央银行英格兰银行却宣布了一条震惊世界的消息：巴林银行不得继续从事交易活动并将申请资产清理。10天后，这家拥有233年历史的银行以1英镑的象征性价格被荷兰国际集团收购。这意味着巴林银行的彻底倒闭。更让人惊奇的是，具有233年历史、在全球范围内掌控270多亿英镑资产的巴林银行，竟毁于一个年龄只有28岁的毛头小子尼克·里森之手。

1989年，里森在伦敦受雇于巴林银行，成为一名从事清算工作的内勤人员，其职责是确保每笔交易的入账和付款。当时巴林银行越来越多地从事金融衍生业务，里森也参与进来。1992年里森被调职，专事疑难问题的处理，一会儿飞往印尼去建立分公司，一会儿前往东京协助调查内部欺诈的投诉。当新加坡国际货币交易所意图成为亚洲新兴金融业务的中心时，巴林银行也想在此获取一席之地，而里森则受命组建一个领导班子去实现这一目标。

里森到了新加坡之后，开始只是做他在伦敦干过的清算工作，其后，由于缺乏人手，他开始自己做起交易来。由于工作出色，里森很快受到银行重用。1992年，里森被派往巴林银行新加坡分公司担任经理，他的才能得到了充分的发挥。1993 年时，年仅 26 岁的里森已经达到了事业的巅峰，为巴林银行赢得 1000 万英镑，占巴林银行当年总利润的 10%，颇得老板的赏识和同行的美慕。

1992 年，里森在新加坡任期货交易员，伦敦总部要求里森设立一个"错误账户"，记录较小的错误，并自行在新加坡处理，以免麻烦总部的工作。于是里森又建立了一个以中国文化看来非常吉利的"88888"错误账户。几周后，伦敦总部又要求用原来的 99905 的账户与总部联系，但这个已经建立的 88888 错误账户，却没有被销掉。就是这个被忽略的"88888"账户，日后改写了巴林银行的历史。

1992 年 7 月 17 日，里森手下一名交易员金姆·王误将客户买进日经指数期货合约的指令当作卖出，损失了 2 万英镑，当晚清算时被里森发现。但里森决定利用"88888"账户掩盖失误。几天后，由于日经指数上升，损失升到了 6 万英镑，里森决定继续隐瞒这笔损失。

另一个与此同出一辙的错误是里森的好友、委托执行人乔治犯的。与妻子离婚后的乔治整日沉浸在痛苦之中，并开始自暴自弃。作为自己最好的朋友，也是最棒的交易员之一，里森很喜欢他。但很快乔治开始出错了：里森示意他卖出的 100 份九月的期货全被他买进，价值高达 800 万英镑，而且好几份交易的凭证根本没有填写。为了掩盖失误、隐瞒损失，里森将其记入"88888"账户。

此后，类似的失误都被记入"88888"账户。里森不想将这些失误泄露，因为那样他只能离开巴林银行。但账户里的损失像滚雪球一样越来越大。如何弥补这些错误并躲过伦敦总部月底的内部审计以及应付新加坡证券期货交易所要求追加保证金等问题，成了里森最头疼的事情。

为了弥补手下员工的失误，里森将自己赚的佣金转入账户，但前提当然是这些失误不能太大，损失金额也不能太大，但乔治造成的错误确实太大了。急于想挽回损失的里森开始从蓄意隐瞒走向另一种错误——冒险。

为了赚回足够的钱来补偿所有损失，里森承担愈来愈大的风险。他当时从事大量跨式期权交易，因为当时日经指数稳定，想从此交易中赚取期权权利金，但如果运气不好，日经指数变动剧烈，此交易将使巴林承受极大损失。里森在一段时日内做得还极顺手。到了1993年7月，里森已将"88888"账户亏损的600万英镑转为略有盈余。当时里森的年薪为5万英镑，年终奖金则将近10万英镑。如果里森就此打住，那么，巴林的历史也会改变。

然而，其后市场价格破纪录地飞涨，用于清算记录的电脑故障频繁，等到发现各种错误时，里森的损失已难以挽回。无路可走的情况下，里森决定继续隐瞒这些失误。1994年7月，"88888"账户的损失已达5000万英镑。此时的里森成了一个赌徒，他一边将巴林银行存在花旗银行的5000万英镑挪用到"88888"账户中，一边造假账蒙蔽巴林银行的审计人员。他幻想着以一己之力影响市场的变动，反败为胜，补足亏空。

1995年2月23日，是巴林期货的最后一日，这一天，日经指数下跌了350点，而里森却买进了市场中所有的合约，到收市时，里森总共持有61039份日经指数期货的多头合约和26000份日本政府债券期货的空头合约，而市场走势和他的操作完全相反，里森带来的损失达到8.6亿英镑，这是巴林银行全部资本及储备金的1.2倍，最终把巴林银行送进了坟墓。

这些都是忽略细节的后果。在日常生活中，相信大家也经常有这样的感受：一个错误的数据导致病人死亡；一次忘记保存，让几个通宵的心血白费；一个材料的失误，使若干年的奋斗泡汤。作家柳青说："人生的道路虽然漫长，但紧要处常常只有几步。"在这紧要的几步，在这选择的关头，我们需要格外重视发生在身边的各种细节，以免一步错步步错，最后满盘皆输。这种注重细节的习惯是在平时养成的，需要在点点滴滴中锻炼。

我们处在一个经济高速发展，社会分工越来越细，专业化程度越来越高的时代，这也要求我们做事要认真、细致，否则会影响整个社会体系的正常运转。如一台拖拉机有五六千个零部件，要几十个工厂进行生产协作；一辆小汽车有上万个零件，需上百家企业生产协作；一架波音747飞机，共有450万个零部件，涉及的企业更多。在这成千上万的零部件所组成的机器中，每一个部件容不得哪怕是1%的差错。否则，生产出来的产品不单是残次品、废品的问题，甚至会危害公众的生命。

注重细节、把小事做细并不是一件容易的事。丰田汽车公司也认为最艰巨的工作不是汽车的研发和技术创新，而是生产流程中如何将一根绳索摆放的不高不低、不粗不细、不歪不斜，而且要确保每个技术工人在操作这根绳索时都要无任何偏差。有时候你感觉自己马上掌握了真理，成功就在眼前，却因一些微不足道的细节让机遇悄悄溜走。

中国物理学界泰斗王淦昌（"两弹元勋"邓稼先的导师）早年在德国留学，师从被爱因斯坦称为"德国的居里夫人"的犹太籍物理学家梅特纳。王淦昌设计了一个实验方案志在发现中子。但是梅特纳看过之后，保守地认为这个方案没有可行性，王淦昌于是放了下来。两年后，英国年轻的物理学家查德威克采用和王淦昌类似的实验方案发现了中子，并获得了当年的诺贝尔物理学奖。梅特纳师徒与诺贝尔奖失之交臂，不胜懊悔。

俗话说，"祸患常积于忽微"，"勿以恶小而为之，勿以善小而不为"，"世上无小事，人间无细节"。

"有别人在场的时候，不要自己乱唱，也不要用手指敲打或者用脚踢什么东西；别人讲话时，不要插嘴；别人站着时，不要坐下；别人停下来时，不要自己走；和别人在一起，不要读书或者看报。如果确有必要做上述事情，也一定要请求。事先不得到允许，不要看别人的书或者写的东西，别人写信的时候，也别离得太近……"这是美国总统乔治·华盛顿14岁时抄在笔记本上的部分"守则"。这些看起来很约束人的细节，华盛顿却把它看成是成长所必需的"维生素"。假如乔治·华盛顿不注意这些细小的事，从不顾别人的感受，就不可能会被尊为"美国国父"。

一个木桶，决定其容量大小的是其中最短的那块木板；一根铁链，决定其强度的是最脆弱的那一环；而一个人，视野所及将是其人生所达到的宽度。因此，我们要下功夫补齐最短的那块木板的长度，增加最弱的那块铁环的强度，拓宽人生视野的宽度。这就需要从工作生活中一些看似平凡、简单的小事做起。海尔集团首席执行官张瑞敏说："什么是不简单？把每一件简单的事做好就是不简单；什么是不平凡？把每一件平凡的事做好就是不平凡。"

一滴水可以折射出整个太阳，窥一斑而知全豹。细节相当于试金石，可以衡量一个人的素质和境界。你的一言一行，一举一动都可以成为命运的偏旁部首。所以，要想走向成功，就要注重细节；要想避免失败，就不要忽略细节。

感恩宣言

　　坐而论道，起而行之。要真正对一个事物有所认识，知行合一是必由之路。奋斗不是喊喊口号，感恩也不是大吹法螺。让感恩充实你的思想，让奋斗实践你的感恩。

请思考：

1.日常工作中，我有哪些行为是在践行奋斗精神？

_____

2.我为公司付出了哪些？

_____

第四章

韧性是奋斗的"护旗手"

一万小时定律

"技术，是需要不断地训练，建立了绝对的信心，就会在直觉出现的时候，毫不犹豫地出手。"这是射击的技术要领，却揭示了重复训练对提高技术的重要性。

当我们开始做一件事的时候，总是显得那么笨拙与别扭，就像第一次参加户外慢跑，不熟悉路线，没有方向感，不知穿什么样的运动装好，跌跌撞撞地往前冲，一切都是生疏的、笨手笨脚的、糟糕的。

我们在开始扮演新角色或是养成新习惯的时候，常常会有自己是个冒名顶替的骗子的感觉。但是，当我们实践的越多，就越会感觉到真实。就像跑步，起初，你会觉得这是一件既乱糟糟又让人很尴尬的事，但随后，它会变得越来越容易；多年后，当你站在马拉松起跑线上，你也不会觉得自己像个装模作样的冒牌货。

假设我们同一时间进入某一领域，随着时间的推移，会产生不同的结果。第一种类型，没坚持多久就放弃了，最后注定是一位失败者。第二种类型，起初很努力，也一直在锻炼自己的能力，并最终进入了所在的行业，且获得了一些技能。不过随着对行业的了解，开始啃起老本，以为能凭着曾经获得的经验和技能一劳永逸，最终因不思进取"登堂"而未"入室"，只能算个业余选手。只有第三种人，一直坚持自己的目标，认定后坚持去做，不断训练自己的技能，克服各种困难，能力也不断提升，最终"登堂入室"，成为专家。

总之，只有不断地训练，在遇到阻滞的时候勇敢突破，才能以最快的速度进步，才能建立绝对的信心，才能在最后达到成功的巅峰。

非常著名的"一万小时定律"，是由美国畅销书作家格拉德威尔提出的。格拉德威尔认为，要成为某个领域的专家，需要一万个小时，按比例计算就是：如果每天工作八个小时，一周工作五天，那么成为一个领域的专家至少需要五年。

"一万小时定律"是格拉德威尔在调查研究的基础上提出的。研究显示，在任何领域取得成功的关键跟天分无关，只是练习的问题，需要练习1万个小时：10年内，每周练习20个小时，每天大概3个小时。每天3个小时的练习只是个平均数，在实际练习过程中，花费的时间可能不同。

20世纪90年代初，瑞典心理学家安德斯·埃里克森在柏林音乐学院也做过调查，学小提琴的人大约都从5岁开始练习，起初每个人都是每周练习两三个小时，但从8岁起，那些最优秀的学生练习时间最长，9岁时每周6个小时，12岁8个小时，14岁时16个小时，直到20岁时每周30多小时，共计1万个小时。

"一万小时定律"在成功者身上也得到过验证。作为电脑天才，比尔·盖茨13岁时有机会接触到世界上最早的一批电脑终端机，开始学习计算机编程，7年后他创建微软公司时，已经连续坚持了7年的程序设计，超过了1万个小时。欧洲最伟大的古典主义音乐家之一莫扎特，在6岁生日之前，作为音乐家的父亲已经指导他练习了3500个小时。到他21岁写出最脍炙人口的第九号钢琴协奏曲时，可想而知他已经练习了多少个小时。象棋神童鲍比·菲舍尔，17 岁就奇迹般奠定了大师地位，但在这之前他也投入了 10 年时间的艰苦训练。

"一万小时定律"的关键在于，1 万个小时是底限，而且没有例外之人。没有人仅用 3000 个小时就能达到世界级水准；7500 个小时也不行。1 万个小时的练习，是成功的必经之路。

写出《明朝那些事儿》的当年明月，5 岁时开始看历史书，《上下五千年》11 岁之前读了 7 遍，11 岁后开始看《二十四史》、《资治通鉴》，然后是《明实录》、《清实录》、《明史纪事本末》、《明通鉴》、《明会典》和《纲目三编》。他陆陆续续看了 15 年，大约看了 6000 多万字的史料，每天都要学习两个小时。把这几个时间数字相乘，15 年乘 2 小时再乘以365 天，等于 10950 个小时。

美国游泳健将麦克·菲尔普斯，除了手脚特长的天赋异禀，他每天坚持练习 8 个小时，全年无休，这样持续五六年，方能缔造一人独得八面金牌的奥运奇迹。

世界田坛巨星，2015 年退役的"飞人"刘翔，我们只看见他在赛场上的风驰电掣，一骑绝尘，可是为了在赛场上的 10 多秒的辉煌，他从 7 岁开始苦练，不知跑了几个一万小时，汗水流了几吨，经历了多少挫折和失败，才换来了"阳光总在风雨后"。

原青岛港桥吊队队长许振超，能把吊装技术练得像绣花一样精细，丝毫不差，多次在吊装技术比赛中技压群雄，还多次打破世界港口吊装纪录。为了这"一招鲜"，他至少练了 30 年，苦心孤诣，练习不辍，足足有好几个一万小时。

人们都羡慕那些成就非凡的弄潮儿，可是有没有想过，他们其实也和我们一样是平常人，之所以能脱颖而出，就是因为他们有超常的耐心和毅力,肯花1万个小时甚至更多的时间来训练和学习积累,所以才能水滴石穿,终成正果。如果我们也想像那些杰出人物一样出类拔萃,就先别埋怨自己没有机会,不逢贵人,怀才不遇,而是先问问自己功夫下得够不够,有没有付出过1万个小时的努力。

无数事实证明,一个人只要不是太笨,有这一万个小时的苦练打底,即使成不了大师、巨匠,至少也会成为本行业的一个具有丰富经验的专家,一个对社会有用的人。

一直保持"UP"的姿态

某知名网站曾经做过一个专题调查:你的职场是否"安乐死"?结果显示,竟有90%的职场人,或多或少都处于安乐状态,对工作没有激情,无精打采。其中,女性职员容易受到家庭和情绪的影响,比较安于现状、得过且过,不想给自己找麻烦。调查还显示:25岁以下的人群中,有35%的人对工作没兴趣;25%~35%的年龄偏大一点的人群,反而能够积极地对待工作。

看到这样的结果,我们不禁为那些对工作不上心、能混则混的年轻人捏了一把汗。许多年轻人崇尚的是自由和洒脱,在生活上保持随遇而安的状态是一种智慧,但随波逐流、听之任之却不够理性。一个人对工作能否保持长久、稳定的激情,有没有超越现状、锐意进取的想法,直接影响着他的职业发展,乃至整个人生。

34岁的M从未想过,有一天会主动辞职回家全心全意带孩子,只是这份主动中多少夹杂着一些被动。那天下午，她正忙着处理客户的意见，家里的保姆打电话来，说孩子玩耍时摔了腿，正在医院就医。听到这个消息，M赶紧把手里的工作交给同事，向领导请假。

其实，这样的事情已经不止一次了。每次领导都是默默地同意，这一次也一样，只是多了一句提醒："如果孩子非常需要你的照顾，我建议你最好做一段时间的全职妈妈，安心陪伴他。"M的脸一下子红了，她知道领导说出这样的话实际上已经对自己很不满。冲动之下，M在口头上提出了辞职，然后直奔医院。

M在职场打拼有10年了，这些年她勤勤恳恳地做事。刚到公司时，她只是客服部门的一个小职员，但工作热情很高，经常在公司加班，看到哪儿有问题，哪些地方需要改进，都会及时跟领导沟通，哪怕和上司的意见不同，她也会真诚地去探讨。凭借着突出的表现，在入职第三年时，她就被提升为小组长，第五年晋升为副主任。

随着时间的推移，M觉得自己的工作热情渐渐消失了，每天都是机械地做着同样的事。尤其是在成家有了孩子后，她更是不能全心全意工作了，不愿意花心思多思考问题，工作上的事只是保质保量地完成。有时，全公司开会，领导给大家鼓劲，她也会燃起激情，想做出更大的成就，可那激情只是瞬间，随后就被惰性和安逸取代了。

她在副主任的位子上待了好几年，没有任何的提升。她的顶头上司换了几拨，而她自己却一直原地踏步。她总在想，只要做好现在的事就行了，压力不大，待遇挺好，何必在乎职位呢？

没想到，就在她以这样的话语麻痹自己时，她竟被迫主动辞职。想到这儿，M的心里也很后悔，毕竟能从不起眼的小职员一路走到现在，实在不易。恨只恨，自己在后来的日子里太安于现状，放松了对自己的要求。

员工的激情被消磨殆尽有多方面的原因，或是企业文化、薪酬体制不合理，或是缺乏明晰的职业规划，抑或是缺乏危机感和竞争意识。但不管是什么原因，员工安于现状，企业的发展必会停滞不前，随即出现生产和管理上的问题。

一位企业管理者提起公司里的一些年轻员工时，发出了这样的无奈之声："现在的年轻人工作热情大不如前，看见领导了就装模作样地工作，领导一走，马上就进入自己的娱乐天地。对这样的员工，我打心眼里是不喜欢的。作为年轻人，无论职位是什么，都应当有饱满的热情，这样客户或是领导才愿意把业务交给你做；如果总是不求上进，还满腹牢骚，就会成为整个公司的负能量。"

人活在世上应当有所作为，而成就事业的关键在于是否有积极进取的精神。无论是大成功还是小成绩，都与投机取巧、胸无大志的平庸之辈无缘。

刚参加工作的时候，父亲告诫过我一番话，他说："无论将来从事什么工作，如果你能对自己所做的事充满热情，你就不会为自己的前途操心了。这个世界上，粗心散漫的人到处都是，而对自己的工作善始善终、充满激情的人却很少。"

对这番话，我当时似懂非懂，但我坚持这样做了。一路走到现在，回顾过往的点点滴滴，方才理解了它的深意。我们都是平凡的，可平凡并不阻碍我们变得优秀，只要充满激情、不断进取、始终保持向上的姿态，对工作有利的各种条件就会像发生连锁反应一样，在工作的过程中不断呈现，并进入一个积极的循环，推着你走向卓越。

越努力越幸福

随波逐流，只会毁了你的人生

歌德曾说：即使我驾着的是一叶脆弱的小舟，但只要舵掌握在我的手中，我就不会任凭波涛的摆布，而有选择方向的主见。

几年前看过一篇报道，说的是"中国式过马路"的现象：在大都市的繁华巷口，凑足了一撮人就走，无视红绿灯的存在。人们总觉得"随大流"是安全的，司机见人多也会让三分。

显然，这是从众心理在作祟。所谓从众心理，就是个人受到外界人群行为的影响，而在自己的直接判断、认识上表现出符合公众舆论或多数人的行为方式，是大部分个体普遍拥有的一种心理现象，它会造成一种纵容的环境，影响这个环境里的每个人。

许多涉世未深的员工，对生活、对自己可能还没有真正地认识，随波逐流的情况时有发生。长此以往，就把这种心理习惯性地带到了工作中，产生了下面这几种情况：

◆ 别人做什么，我也做什么

浮躁和焦急，是当下许多年轻员工的心理写照。面对物质的诱惑和生活的压力，没有耐心去等待，静不下心去做事，恨不得一夜之间就能改变眼下的所有。尤其是，看到周围熟悉的人中有谁赚到了钱，生活得到了改善，就开始蠢蠢欲动，想去复制他人的成功。在这种心理状态的作用下，无法集中精力做事不说，甚至还会对工作产生怨怼的情绪。结果呢？多半是事业上没什么变化，生活上也一团糟，挫败感和无力感骤增。

◆ 别人怎么做，我也怎么做

多数员工初入职场时都是充满斗志的，渴望在岗位上发挥出自己的才能，实现个人价值。理想虽好，但现实却不总是那么美妙。经验的匮乏、激烈的竞争、复杂的人际，往往会浇熄一部分的热情，加之付出的努力并未及时看到回报，也让很多人开始泄气。

当自身的状态从高涨逐渐下降时，周围一些同事散漫的言行举止，又加剧了消极的情绪。当自己忙着打电话联系客户、加班加点想方案时，别人却在那里闲聊天、看视频、逛淘宝，想到大家拿的工资都一样，心里就有了一种不平衡之感：自己努力半天，没多拿一分钱；人家敷衍了事，也没少一分钱，既然都一样，我又何必那么认真？

◆ 别人怎么说，我就怎么做

"过来人"的经验，听起来总是很有说服力，毕竟亲身经历过，不是纸上谈兵。很多员工在择业时太过于信奉他人的经验，明明有自己的兴趣爱好和想做的事情，但就因为"过来人"的一句"不赚钱"、"没前途"，就放弃了，追随着别人的步伐，踏上了自己不喜欢的旅途。

行走在形形色色的大千世界，脚踏着苍苍茫茫的漫漫人生路，唯有坚持自我方能找到前行的方向。真正的骑士，从不怀疑自己的信仰和坚持，他们只坚信自己的传承。你无须去追随别人的脚步，适合别人的路不见得适合你，别人做不到的事不代表你不行。你有属于自己的"沉香"，你当有勇气坚定内心的方向。

画家米勒从偏僻的农村来到繁华的巴黎时，为了谋求生活，只能画当时最畅销的裸体画。一天晚上，他孤独地在巴黎街头游荡，在一个明亮的橱窗前，他听到了两个年轻人在议论着陈列在这里的一幅少女裸体画。"这幅画糟糕透了，简直令人厌恶。""是啊，米勒画的嘛！他除了裸体画，什么也画不出来。"

这些话深深刺痛了米勒的心，回家后他对妻子说："我决定以后不再画裸体画了，就算生活会变得更苦。我现在已经厌恶巴黎，我要回到农村去，回到农民中间去。"之后，米勒就搬到了巴黎附近的巴比松。他买不起画笔，就用自己烧的木炭画素描，最难的时候依靠朋友的接济过活，还要忍受资产阶级文人学士在艺术上对他的诋毁和攻击。即便如此，他也没有动摇，坚持表现农民题材，他画的《播种》《拾穗者》《扶锄的人》

等成了世界美术史上的瑰宝。

巴比松风景优美，附近就是枫丹白露森林，后来有一群画家聚集到这里，形成了著名的巴比松画派。米勒，就是这一画派的代表，他说："我生来是一个农民，我愿意到死也是一个农民，我要描绘我所感受到的东西。"

再说日本的木村秋则，他发明了一种奇迹苹果，不施农药，不用肥料，却可以种出比任何高级品种都甜的苹果。把奇迹苹果切成两半，放置两年都不会烂，它只会像枯萎了一般，慢慢地缩小，最后变成淡红色的小干果。当初，很多人笑他傻，笑他异想天开，就连他的亲生女儿也在作文上写着："我的爸爸是农夫，但是我从来没有吃过家里种出的果实。"

可那又如何呢？他依然坚持着自己的选择。从实验开始，到他第一次看到七朵苹果花、采收到两颗苹果，整整十年；到了第十一年，他的苹果园开满了苹果花。当他的奇迹苹果问世后，有一本书也相伴问世，书名就叫《这一生，至少当一次傻瓜》。

生命可以随心所欲，但不能随波逐流。

很多人叹息自己没有机遇，其实不是没有机遇，而是没有主见。机遇源于新生事物，总跟在别人的身后走，就看不到契机所在，也没有自己的判断力，最终只会无可奈何地盲从，与平庸相拥而泣。

翻开史册，从古至今哪位取得成功的人是没有主见、随波逐流的？如果伽利略只生活在亚里士多德权威的关怀下，他如何发现自由落体的原理？如果哥白尼人云亦云，他的"日心说"如何会问世？如果米开朗琪罗、达·芬奇跟随别人的脚步去模仿，怎会成为令人敬仰的大师？如果莎士比亚、托尔斯泰没有自己的独特经历、独特见解，如何创作出经久不衰的名著？

或许你会说，我知道随波逐流不好，只是不知如何去改变。这里有一些建议，可作为参考：

1. 克服自卑，建立自信

随波逐流、没有主见，往往是因为没有足够的自信，担心自己的想法与他人不同会遭到反驳，更担心自己的选择会遭到失败。想要做个有主见的人，首先就得克服自卑。在工作中，当一项人人都觉得无法完成的高难度任务摆在你面前时，不要想着如何逃避，也不要想着做不好会怎样，不断重复"我不可能完成"的想法就等于提前上演失败。你要大胆地去尝试，暗示自己一定能做到，尝试的次数多了，你就会对自己的能力有一个新的了解，找回自信。

2. 积极做事，争得荣誉

努力做一个积极主动的员工，用业绩为自己争得荣誉。当你发现了工作的乐趣，体会到了成就感的时候，你就会觉得自己所从事的工作是有前途的，它可以成为你实现理想的平台。如此，你的重心就转移到了"做事"上，而不是左顾右盼，试图去重复别人的路。

3. 表达意见，敢于说不

古罗马剧作家塞内加曾说过："勇气通往天堂，怯懦通往地狱。"

一个员工敢不敢表达自己的意见，直接决定着他是否能得到领导的重视与信任。如果总是默默无闻、人云亦云，往往就只能在一个岗位上徘徊；而那些敢于大胆说出自己的想法和意见的人，会给人以能力强、有思想、有见解的感觉，同时也能锻炼沟通表达能力。

遇到不同意见或是令自己为难的事情时，不要勉强接受，这会让你逐渐变成"职场隐形人"，被人所忽视。要勇敢表达出自己的真实看法，只是在反驳和拒绝的时候，要注意方式方法。当你能够诚实地面对自己，拥有一颗强大的内心，具备良好的沟通能力，你就距离成功不远了。

要有直面问题的勇气

百余年前，五四先驱李大钊寄语青年："青年之字典，无'困难'之字，青年之口头，无'障碍'之语；惟知跃进，惟知雄飞，惟知本其自由之精神，奇僻之思想，敏锐之直觉，活泼之生命。"

生活就是一个问题叠着另一个问题，日子就是不断地解决层出不穷的问题。没有谁的人生可以避开难题，更多的时候，我们都是身处各种问题的交织中，找不出头绪，不知道该怎么解决。在这样的百感交集中，很多人就开始觉得，困境是难以突破的，自己没有能力解决。

有句话讲得好："狭路相逢勇者胜。"在同样的问题面前，谁的勇气多一些，谁的胜算就多一些。所谓勇气，不是内心没有迟疑和恐惧，而是明知道有这些情绪在作祟，却依然可以咬着牙前行，去寻找处理问题的办法。

谈到这一点，还得说说松下幸之助。

松下幸之助年轻的时候，家境很贫穷，他不仅要担负养家糊口的重任，还得供弟弟妹妹上学。有一回，他到一家电器工厂谋职，当他走进人事部跟其中的一位负责人说明自己的来意后，对方直接回绝了他，说暂时没有招人的计划，让他过一个月再来。其实，对方是看他瘦小枯干，穿着肮脏，实在不适合在电器工厂上班，哪怕只是一个最基本的工作，也不愿意提供给他，就找了一个冠冕堂皇的理由。

这本是拒绝松下幸之助的一个托词，可那位负责人没想到，过了一个月后，松下幸之助真的来了。那个人又推脱说："再过几天吧！"就这样，他反反复复地说了好几次。当松下幸之助再次来到这家电器工厂后，那位负责人终于压抑不住内心的真实想法，直言相告："像你这样穿得脏兮兮的人，是没有办法在我们工厂里上班的。"

听到这番解释，松下幸之助很快就向周围的邻居借钱，买了一套像样的衣服穿上，再次进入那家工厂。负责人一看，这个年轻人如此执着，就对他说："你对电器的知识了解得太少了，我们不可能浪费时间去培养一个新人。"说这番话时，负责人心想：已经给他出了这么大的难题，他应该不会再来了吧？！

没想到，时隔两个月，松下幸之助再次出现在那位负责人面前，他自信地说："我已经掌握了不少电器知识，您看我还有哪儿需要学习和改进的，我都会补上。"负责人看着松下幸之助，感慨地说："小伙子，我真的很佩服你的毅力和勇气。面对这么多次的拒绝和刁难，你都没有生出恐惧和退缩，如果你一直这样不畏困难，我相信你会有不菲的成就。"

事情的结果可想而知，松下幸之助打动了那位负责人，得到了一份工作。在后来的事业中，这种不惧困难的精神一直支撑着他，并由此打造出一个庞大的松下电器王国。

百度总裁张亚勤说过："不要害怕问题，工作就是解决问题；也不要害怕自己解决问题遭遇失败，我们之所以有价值，就在于我们能够想到不同的方法解决问题。"

人永远都比想象中能干，且有能力突破障碍，做得更好。即便遭遇失败，也不必恐慌和沮丧。在不惧困难的人眼里，所有的问题都是纸老虎，没有什么是不可克服的。只有平庸者，才会在没有思考和尝试前，就丧失了勇气，缴械投降。

一个年轻人曾经问过一位长者，如何才能取得成功？长者掏出了一颗花生，问他："它有什么特点？"年轻人愣住了，不知如何作答。长者提醒他："你用力捏捏它。"年轻人用力一捏，捏碎了花生壳，留下了花生仁。

长者笑了，对年轻说："再搓搓它。"年轻人照着他的话做，结果，花生的红色种皮也被搓掉了，只留下白白的果实。"再用手捏它。"长者说。年轻人用力地捏，可费了半天劲也没能把它捏坏。"用手搓搓它。"结果还是一样，什么也搓不下来。"屡遭挫折，却依然有一颗坚强的、百折不挠的心，这就是成功的秘密。"长者说。

丘吉尔是一位伟大的首相，他一生做过无数的演讲。在很多人的印象里，丘吉尔最精彩的一场演讲，莫过于他生平的最后一次演讲。当时，是在剑桥大学的毕业典礼上，会场上有上万名学生，大家都在等待丘吉尔登场。

在众人的陪同下，丘吉尔走进了会场。他慢慢地走向讲台，脱下大衣交给随从，又摘下了帽子，默默地注视着所有的听众。过了一分钟，丘吉尔说了一句话："Never give up！（永不放弃）"说完后，他就穿上大衣，戴上帽子，离开了会场。当时，整个会场鸦雀无声。几十秒钟后，会场内掌声如雷。

演讲的内容很短，只有一句话，可它所蕴藏的含义却是深刻的，震撼人心的。工作中会有大大小小的门槛和困难，除了鼓起勇气去面对，没有其他的解决途径。抵达成功巅峰的人很少，往往是因为大多数人在挫折和压力面前放弃了。对于敢想、敢做、善于思考的卓越者来说，世界上没有不能解决的问题。在他们看来，解决问题的关键在于自己的态度，凭借过人的毅力和坚持，运用智慧找到正确的方法，就可以将最困难的问题顺利解决。

你可能也听过约翰·库缇斯的名字，他是国际超级励志大师，但他也是一个天生残疾、身患癌症、受尽歧视与折磨的人。这样的身体条件，在常人看来是很难有发展前途的，甚至连能否生存都是未知数。可库缇斯用现实告诉我们，他取得了板球、橄榄球教练证书，他可以开车、游泳、潜水、溜滑板、打乒乓球、打网球……多少常人都不会的事情，他却一一做到了。

所以说，那些看似无解的难题，无法超越的困境，真的是束手无策吗？当然不是。库缇斯告诉我们："100 次摔倒，可以 101 次站起来；1000次摔倒，可以 1001 次站起来。摔倒多少次没有关系，关键是最后你有没有站起来。"

畏惧挫折，选择逃避，永远也找不到解决问题的良方；选择勇敢地面对问题，问题就已经解决了一半。就像托尔斯泰说得那样：当有困难来访的时候，有些人跟着一飞冲天，也有些人因之倒地不起。坚韧是生命的脊梁，支撑着不惧艰难困苦的人超越万难。

"钻"出美好新时代

古希腊新喜剧诗人米南德说过，人在生活中遇到不幸，没有什么比一门技艺会给人更好的安慰，因为当他一心钻研那门技艺时，船已不知不觉越过了重重危难。

任何一份工作、一项专长，想要出类拔萃，都少不了一样东西：钻研。

某企业老总讲到，他有一位下属，出身名校，英语专业八级水平，悟性高，对新知识和新事物都很感兴趣。刚入公司时，毕业还不到一年，却已经换了两份工作了。直觉告诉他，此人在公司不会待太久，可爱才心切的他，还是将其留了下来，作为技术部的工程师。

果不其然，工作了不到半年，此下属就提出离职。临走前，出于对老总的感恩，他坦然说明了自己的心迹。他说，在从前工作过的单位里，自己的能力、素养并不差，却要被一些不如自己的人领导，很不甘心，所以才跳槽。此次来公司，自以为深得赏识，能很快坐上主管的位子，可现在看来，各位中层的位置都坐得很稳，取而代之的概率很小，公司也不可能单独给自己设立一个与主管同级的职位。鉴于此，就想另谋高就。

老总开诚布公地对他讲，依照他半年间的表现来看，成长速度不慢，只要坚持下去，定可以独当一面。只是，现在还不是提拔的时候，毕竟很多知识还要在实践中慢慢沉淀成经验。没经历过，没失败过，就想一步到位，未免太急于求成了。工作的精髓，必须靠实践的钻研，才能有所收获。

可惜，年轻人"等不及"，他感谢老总对自己的信任，但内心相信还有其他的路可走。就这样，他离职了。老总内心觉得惋惜，可他去意已决，只有给予尊重和祝福。不过，这种平等友好的关系，并未从此隔断。离开后，下属偶尔也会给他打电话，在沟通中，他发现年轻人兜兜转转去了多家不同的公司，似乎未能找到想要的位置，抱怨声反倒比从前更多了。

后来，老总开设了一家新公司，许多重要的岗位都很缺人，尤其是实验室增加了大量的设备，而内部又选拔不出合适的人。焦灼中，他想到了那位辞职的下属，觉得他是一块璞玉，只是缺乏雕琢，况且有过碰壁的经历了，应该会有所改变。对方听说这个消息后，非常激动，很快就入职了。

在新职位上，下属做得很投入，每天伏案翻阅资料，白天调整测试程序，大概用了半个多月的时间，实验室所有的设备就都开始有序运转了。他还对所有的作业文件进行梳理，重新修改增订。老总本以为，他今后可能会在这样一个宽松的环境里有更大的突破。可惜好景不长，在这个职位待了两年后，他再次提出了辞职，原因和当初如出一辙。

如今，很多条件、资历不如他的人，都在行业里有了一定的建树，而他还在为最初的那个"梦想"奔波着。每次提起他，老总都不免觉得可惜。趁着青春去打拼、成长，绝对是一件好事，但仅仅有机会是不够的，还要深入地去钻研，把它做深做透，而这些必然要花费大量的时间和精力，还须有一份持久的耐力。

这不是个案，而是很多人的缩影。我们为何要重申具有钻研品质的"钉钉子精神"？它意味着什么呢？或许，就像雷锋在日记中所言："一块好好的木板，上面一个眼也没有，但钉子为什么能钉进去呢？这就是靠压力硬挤进去的，硬钻进去的。"

在工作的领域，想成为一个卓尔不群者，就得有"钻"的精神！这个钻，需要摒弃急功近利之心，摒弃权与利的诱惑，在选定的那块"木板"上，找一个更细致的目标，稳扎稳打地凿下去，要用心、用力，有持久的耐性，方能达成所愿。

职场类栏目《非你莫属》中，曾有一位求职者，他只有23岁，年轻没什么经验，但有一个特长，那就是对北京市所有的公交线路都了如指掌，几乎达到了"活地图"的标准。哪条公交改路线了，哪辆公交车换车型了，他都会记下来。所以，他想在节目中求得一份旅游体验师的职位。

现场考核中，主持人问他："从国贸到旧鼓楼大街怎么走？"他不假思索地说："从国贸坐1路汽车，到天安门东换乘82路。"主持人又问："那从国贸到营慧寺呢？"他一样从容地回答："坐地铁1号线到五棵松，换乘运通113。"此外，他还在现场为一对情侣设计了北京一日游的路线。

原本，场上的多位老总并没有招录他的打算，但最后都被他对公交的"钻劲"打动了，他们不约而同地向他发出了诚挚的邀请，且现场为他设岗。最后，他选择了一家自己感兴趣的公司。主持人问这家公司的老总："你给他的薪水，会不会太高？"那位老总说："专业的、执着的、优秀的人才，是无价的！"

很多企业不愿意招录应届生，不都是因为他们没有经验，更多的是因为他们缺乏钻研的耐性。无论哪一个行业，最稀缺的永远都是有"钻劲"的人。因为，有钻劲，才会专注；有钻劲，才有勤奋；有钻劲，才会进步；有钻劲，才会创新。当一个人具备了像钉子一样的钻劲，你把他放在哪儿，都会发光发亮。

懒散是奋斗的大敌

戴尔·卡耐基说过，懒惰心理的危险，比懒惰的手足，危害不知道要超过多少倍。而且医治懒惰的心理，比医治懒惰的手足还要难。

多数职场人都觉得，老板最看重的是员工的能力。然而，这个问题到了企业管理者那里，回答却不一样。他们确实喜欢有才能的员工，但更在意的是员工的态度。

海尔集团的 CEO 张瑞敏先生说："想干与不想干，是有没有责任感的问题，是德的问题；会干与不会干，是才的问题。"不会干没关系，只要想干，就可以通过学习、钻研，达到会干的程度；有才能却不想干，吝啬付出，工作一样干不好。

这一观念，不仅是在国内的管理者中得到高度认可，很多世界 500强企业的 CEO 也非常赞同。曾任通用电气集团 CEO 的杰克·韦尔奇就曾表示："有能力胜任工作，却消极怠工而不称职，这样的人，我发现一个就开除一个，绝不留情。"

换位思考，假如你是管理者，看着自己的属下明明很有能力，却总是懒懒散散，一副心不在焉的样子，是什么感受？你肯定会觉得，他内心对这份工作满不在意，甚至认为它是负担和苦役，总在想办法逃避付出。这样的"能人"，你愿意留在身边吗？

己所不欲，勿施于人。这句古语用在工作上，也是行得通的。更何况，我们选择工作不仅仅是给老板打工，还是在给自己打拼未来。总是想着逃避责任、逃避困难，或许能得到短期内的"清闲"，但却失去了重要的学习和成长机会。换而言之，你什么都不想做，什么都不愿做，到哪儿去学习技能、积累经验？

A是一个头脑灵光的员工，悟性很高，就是太散漫。有些事情，他明明可以做到100分，却总是做到60分就高喊万岁了。偶尔，还会依仗着自己的小聪明，工作中简单应付一下，交上去的任务，说不上多好，但也挑不出毛病，游走在及格与不及格的边缘。凭借他的才能，若肯多花一点心思，定能做得非常出色，可他不愿意多花费时间和精力，总想着得过且过。

来到部门三个月，虽说是转正了，A却还像一只无头苍蝇，从来不会主动地去找事情做，也没有仔细琢磨过领导的意思，更没有踏实地去处理过一件事情。每天早上一来公司，先登录QQ和微信，和朋友闲聊，在网上乱逛，到了下班才发现还有一堆事没干完。第二天，再重复前一天的事情。他内心也挺迷茫的，不知道是公司淹没了自己的才能，还是自己真的无能？

A的上一份工作，是在某公司做中层，到了这家新公司却成了最底层。他喜欢能够自由发挥、自行做主的工作，现在的每件事情都是领导安排的，尽管领导也看好他，可他递交上去的结果却总不能让领导满意。他找不到自己的闪光点，就整天在恶性循环中混日子，工作的积极性一天比一天少，散漫的行为倒是愈发严重。

身为旁观者，我们也许比当局者的A看得更清楚一些。他不是没有才能和志向，而是缺乏责任心和自律性，过于懒散。尤其是在面对领导的严苛挑剔时，更是缺乏一种正确的心态，不能在批评中反省自身。若不及早地调整自己的心态和行为，很有可能会自毁前程。

当下，还有不少年轻员工，他们成长在信息爆炸的互联网时代，见多识广，思想开放，追求个性。这些员工在创新方面很有天赋，但也给管理者带来了很多的苦恼。一位网站负责人表示，她有一个下属，上班带着两部手机，一部平板电脑，稍不注意，他就会在工位上玩游戏。给他安排的工作，总是往后拖，实在拖不下去，就随便应付交差。为了此事，她找下属谈过，对方态度很好，答应会注意的，可下次还是会犯。最后，实在无奈，只好将对方辞退。

现实就是这样，想有所建树，就得改变自己的懒散态度。不管做什么事，身处什么职位，都必须尽心尽力地去做，不然的话，在团队里会遭到同事的抛弃，在公司里会遭到老板的嫌弃。归根结底，那些能干却不愿干的员工，还是对工作没有一个正确的认识，责任心不足。他们总觉着，工作是给老板做的，好与坏跟自己无关。

其实，只要真的把工作装进了心里，把责任感充实在灵魂中，做事的脚步就不会拖沓，心思也不会四处游走，更不会抱怨工资低、环境差和老板苛刻。一切问题都是心的问题，重新认识工作的价值，捡起对工作的责任心，知道所做的一切是在为将来积累资本，那么散漫的作风就会消失，取而代之的是踏实稳健和锐意进取。

案例分享：良钢精作，创艺生活张小泉

张小泉为后人立下了"良钢精作"的祖训，经过一代又一代张小泉人的恪守奉遵，业已形成了一种张小泉特有的工匠精神。

小泉溯源有春秋

"张小泉"剪刀是我国手工业的传统名牌，已有 300 多年历史。

张小泉剪刀创始人为张小泉的父亲张思家。张思家自幼在以"三刀"闻名的芜湖学艺，而张小泉在父亲的悉心指教和实践中，也练就了一手制剪的好手艺。张思家学艺有成之后，在黟县（隶属于安徽黄山市，古徽州六县之一）城边开了个张大隆剪刀铺，前店后家。张思家做事认真，他打磨的剪刀，坚韧锋利，备受人们的称赞。张思家悉心研究铸造技艺，在打制剪刀中运用了"嵌钢"（又叫铺钢）工艺，一改用生铁锻打剪刀的常规。张思家还采用镇江特产质地极细的泥精心磨制，使剪刀光亮照人。

张小泉秉承父亲创业时一丝不苟的精神，又首创镶钢锻打工艺，所制剪刀质量上乘，故"生意兴隆，利市十倍"。致同行冒牌几乎遍市，张小泉无奈于清康熙二年（1663 年）毅然将"张大隆"招牌改用自己的名字"张小泉"，立"良钢精作"家训。"张小泉"品牌成名的历史，就此开始，直至后来成为中国传统工业的一块金字招牌。

数百年来，张小泉创造了我国民族工业史上的诸多辉煌。乾隆四十六年（1781 年），被乾隆帝钦定为贡品。曾于 1909 年南洋劝业会、1915 年巴拿马博览会、1926 年费城世博会、1929 年首届西湖博览会相继获得大奖。1917 年，"张小泉"率先将镀镍抛光技术应用于剪刀防腐，开中国传统民用剪表面防腐处理之先河；1919 年获北洋政府农商部 68 号褒奖。同治年间，范祖述在其所著《杭俗遗风》中，将张小泉剪刀列为驰名产品，与杭扇、杭线、杭粉、杭烟一起，并称为"五杭"。

张小泉剪刀以选料讲究，镶钢均匀，磨工精细，锋利异常，式样精美，开合和顺，刻花精巧，经久耐用而著称，名扬海内外。

裁剪江山成锦绣

"快似风走润如油，钢铁分明品种稠，裁剪江山成锦绣，杭州何止如并州。"这是我国杰出的剧作家田汉1966年走访张小泉剪刀厂时写下的一首赞美诗。

在一次剪刀评比会上，人们把40层白布叠在一起，用各种剪刀试剪，唯独张小泉剪刀，张开利嘴，咔嚓一声，一次剪断，连剪数次，次次成功。检查刃口，锋利如故，其他剪刀望尘莫及。香港一家广播电视公司还摄取了用张小泉一号民用剪，一次剪断70层白布不缺口，接着又剪单层薄绸不带丝的精彩镜头，足见张小泉剪刀质量之高。

张小泉秉承父亲创业时一丝不苟的精神，大胆创新，首创镶钢锻制工艺，所谓"镶钢锻制"，即一改此前业内惯用全铁锻制剪刀的传统，在剪刀刃口处镶上一层钢，使其坚硬锋利，裁剪断物不易变钝；剪体用铁，便于弯曲造型，制作时不易断裂，且能把剪身做得柔美和合，手感舒适。这一创新，很好地解决了剪刀制作在材料应用上的重大课题。所制剪刀刃口特别锋利，且牢固耐用。

乾隆四十五年（1780年），乾隆皇帝五下江南，曾微服到铺里买剪刀，带回宫中，供妃嫔使用。因反响颇佳，便责成浙江专为朝廷采办贡品的织造衙门，进贡"张小泉近记"剪刀为宫中用剪。乾隆皇帝又御笔亲题"张小泉"三字，赐予张小泉近记剪刀铺。从此，"张小泉"剪刀又被称为"宫剪"，名扬南北，誉满华夏。

良钢精作裁剪成

虽然张家产业数易其主，但张小泉及其后代却给人们留下了精湛独特的剪刀制作工艺。张小泉剪刀总结出来的制剪72道工序，是一代又一代劳动者智慧和心血的结晶。"良钢精作"讲究的一是选料上乘,二是做工精致。"张小泉"制剪,向来采用龙泉、云和好钢。曾经更是不惜成本,选用进口优质钢。这与其他作坊为降低成本,混用杂钢的急功近利的做法截然不同。

张小泉传统制剪工序中有两项精湛独特的制作技艺历经磨炼被延续下来,一是镶钢锻打技艺。造剪一改用生铁锻打剪刀的常规,选用浙江龙泉、云和的好钢镶嵌在熟铁上,并采用镇江特产质地极细的泥精心磨制,经千锤百炼,制作成剪刀刃口,并用镇江泥砖磨削。二是剪刀表面的手工刻花技艺。造剪工匠在剪刀表面刻上西湖山水、飞禽走兽等纹样,栩栩如生、完美精巧。

用传统锻造工艺做出的张小泉剪刀都是经过手工锻打,千锤百炼,每一道工序都需要付出巨大心血,精雕细琢,来不得半点马虎。例如拔坯这道程序,就是将铁按所需剪坯的长度,放入炉灶内烧红,如一号剪12厘米,在12厘米处烧到红透,盛出来放在墩头上用凿子凿,留一丝相连,用榔头将凿断大部分的铁勾过来,两段铁并在一起。这道工序要注意坯料的长度,凭经验判断,既不能太长也不要太短,凿断所留的连接部位不能太多也不能太少。而嵌钢程序是在坯料冷却的状态下,将刃刀钢料镶嵌于剪体钢料槽中,要严格控制钢料顶端与槽口的距离,不能露出过长,也不能缩进太多,否则打剪刀时会出现纯钢头成缩钢头。所有这些程序都需要制剪人有精湛的技术!如果是做钳手,一天到晚就要一只手钳牢剪刀,另一只手握紧榔头敲个不停,尤其是敲"缝道",更是讲究,要敲得剪刀锃亮,才不会走样。若没有专业的精神,没有对工作的满腔热情,如何能制造出质量上乘的产品呢?

张小泉剪刀创始人张小泉立下的"良钢精作"家训,340余年来由其后人身体力行，成为一种"张小泉"特有的工匠精神，成为一种传承至今的文化核心。

"质量为上，诚信为本"的经营宗旨和"用心去做每一件事"的精神引领着张小泉剪刀走向更好的未来。

历史传承有创新

张小泉剪刀在继承传统技艺基础上不断创新，它已成为我国剪刀行业中产量最大、品种最全、质量最好、销路最广的一家企业。产品形成了工农业用剪、服装剪、美容美发剪、旅游礼品、刀具系列等100个品种500多个规格。最大的剪刀1.1米长，重28.25千克；最小的旅行剪只有3厘米长，20克重，可放入火柴盒内。

时代变了，条件变了，"张小泉"的市场地位和社会地位也变了。制剪工艺从传统的72道工序演进为包括数控技术在内的现代化生产方式，制剪材料也由单一的镶钢锻制变成优碳钢、不锈钢、合金钢并用。

但是，"张小泉"人一贯奉行"良钢精作"祖训的传统没有变，他们坚持"继承传统、不断创新、追求卓越、争创一流"的理念，在企业管理的很多领域进行了大胆的创新和探索，取得了令人瞩目的成就，品牌在国内外的知名度和美誉度迅速提升，国内市场覆盖率和占有率一直居同行之首，海外市场不断扩大，份额不断增加。

五金老字号"张小泉"的成功，生动形象地说明了，任何一个企业和个人的成功都离不开传承创新的工匠精神，而只有对自己所从事的事业保持一种敬畏感，追求一种崇高感，坚守一种责任感，才会孕育出精益求精的工匠精神。

感恩宣言

　　奋斗的道路从来不是一片坦途，不拔之志却能让"天堑变通途"。很多时候，成功是因为你能奋斗得更持久。

请思考：

1.奋斗路上，可能遇到的困难有哪些？哪个是最大的困难？

_____

2.我是否已经做好了持久奋斗的准备？

_____

第五章

创新让奋斗的道路处处惊喜

世上本没有路，你走了就有了路

没有经历过主动的生命是不完整的，没有经历过勇往直前的人生是不深刻的。

许多事情，我们总想着在将来的某一天或是在某一阶段，待有所准备了再去做，却不曾想到，就在我们犹豫、等待、裹足不前时，机会已经随着时间从指缝溜走了。世间多少人在回首自己平庸的一生时感慨：若是当初能果断一点，勇敢尝试一下，结局也许会大不一样！

是的，我们总习惯把机会视为一种神奇的东西，以为遇到了好机会凡事都会水到渠成。事实上呢？机会不过是脑海中偶然闪现出的一个念头，如果没有马上去付诸行动，那机会便擦身而过，甚至终生都不可能再谋面。许多人并非不具备成事的能力，而是总想在条件成熟时再去行动，往往这一等就是一辈子，最终岁月蹉跎。

大家对《读者文摘》一定不陌生，可有多少人知道它的问世经历呢？

1921 年 6 月 2 日，美国《纽约时报》为纪念莫尔斯电报发明 77 周年发表了一篇社论，揭示出一个现状：现在人们每年接受的信息量是 25 年前的 50 倍！

针对这个消息，当时美国至少有 16 个人不约而同地想到：要创办一份文摘性刊物，让人们在海量的信息中，尽快得到自己所需的。这些人中，有作家、记者、编辑、律师，还有一位国会议员。在不到三个月的时间里，这些人都到银行存了 500 元的法定资本金，并领取了执照。可当他们到邮电部门办理有关发行的手续时，却遭到了拒绝：此类刊物的征订与发行暂时不能代理，如需代理也要等到明年大选过后。

得知这一情况后，有 15 个人都申请了暂缓执业，因为这样可以免交营业税。唯有一个名叫德威特·华莱士的人没有这么做，他回到自己的暂住地，纽约格林尼治村的一个储藏室，与未婚妻一起糊了 2000 个信封，装上征订单运到了邮局。

谁也没想到，世界出版史上诞生了一个奇迹。到现在，德威特·华莱士创办的《读者文摘》，已经拥有 19 种文字、48 个版本，在 127 个国家和地区发行，订户 1 亿人，年收入 5 亿美元。

当初想到创办杂志的人不止一人，为什么最后成功的只有德威特·华莱士？

究其原因，很多人总想在万事俱备的时候才去做，减少投资、减少失误，却忘了这个世界上的好东西，你想要的同时别人也想要，待到万事俱备了就会失去先机；后者则是认准了就去做，哪怕条件不成熟也无妨，在付诸行动的过程中再不断提升和改善，于是，他们在别人望而却步的时候获得了先机。

职场中的机遇，同样属于那些敢于主动争取、抢占先机的骑士。

微软公司在招聘时，比较青睐于这样一类人：他们并非在招聘时就已是某一领域的专业人才，而是一个积极进取的学习型人才；他们不单纯依赖公司的培训，而是主动提高自身技能；他们不干等机遇的降临，而是主动去迎接挑战、创造机会。要知道，微软的创始人比尔·盖茨就是这样的人。

当年，比尔盖茨和科莱特一起就读哈佛大学，两人关系很好。大学二年级时，比尔·盖茨与科莱特商议退学，一起开发 BIT 财务软件。科莱特听到这个消息感到很震惊，他觉得自己是来学习的，绝不是来玩的，他拒绝了比尔·盖茨的邀请。尽管没能说动科莱特，但比尔·盖茨还是毅然坚定了自己的选择。

当科莱特成了哈佛大学计算机系 BIT 方面的博士时，比尔·盖茨已进入美国《福布斯》亿万富翁排行榜；当科莱特成为博士后时，比尔·盖茨已成为美国第二富豪，财产仅次于巴菲特；当科莱特认为自己有能力研究和开发 BIT 财务软件时，比尔·盖茨的目光早已绕开了 BIT 系统，开发出比其快 1500 倍的 EIP 系统，在两周内占领了全球市场，并成为世界首富。

任何一件事情的完成，必定包含着许多条件，但要追求成功，不是非要所有条件都成熟再去付诸行动和努力。生命的辉煌不是等来的，而是创造出来的，那些有所成就的人，多半都是在实践中不断地为成功创造条件，才站到了令人瞩目的高度。

有个年轻男孩跟我讲，他特别喜欢销售工作，可据我所知，他目前正在一家广告公司做助理，已经就职三年，并未有转行的迹象。我问他，为什么不直接调到业务岗位？他说："做销售不是一件容易的事，需要有良好的表达能力，有强大的心理承受能力，会察言观色，会洞察客户的心理……我现在还差得远，想锤炼几年再转行。"

他的想法我能理解，但并不赞同。如果不亲身实践，不与客户交流，不遭到拒绝和失败，看再多的口才书和励志书，恐怕也无法提高沟通能力和抗挫能力，职场需要的不是满腹经纶的"知道主义者"，而是善于践行的"行动主义者"。现实中，很多情况往往是这样——

你在电话里跟一位客户聊得不错，他提出要跟你面谈，你没有立刻出发，而是花费大量时间查阅客户企业的发展史、战略规划、产品线、营销策划等一系列信息，就在你"忙碌"的时候，另一位同行的竞争对手可能已经登门拜访了，他在面谈的过程中赢得了对方的好感。等你准备好了去见客户时，他已经与其他公司签订合同了。

你在合作伙伴楼下徘徊，想着如何解释合作中出现的问题，想好过程中可能发生的各种情况，对方可能说的每一句话以及应对方案，越想越紧张，越想越觉得准备得不够。就在你没有勇气踏入对方公司的时候，对方可能已经打电话过来，告知有更好的合作伙伴了。

你在夜深人静时，想起根植于内心深处的梦，用自己喜欢的文风，写自己喜欢的故事，有朝一日出版成书，连载在杂志上，让千千万万的读者爱上你的字，爱上你的小说。你希望能多攒下一些钱，停下脚步和工作，安心地去写作。就在你思考了这一切正准备入眠时，与你有同样梦想的人，已经顺利写下了他的小说结尾。他也是普通的工薪族，没有大把大把空闲的时间，他只在茶余饭后写上一两千字，一年下来，他已经写完了两本小说。

平庸与不凡之间的差距并不是很大，也许就在一念之间：当积极的想法迸出时，你是选择行动，还是选择等待？你若总想着"我是不是应该先……"，你的一只脚已经陷入了"万事俱备"的泥潭，你会顾虑重重，不知所措，无法决定何时开始，在等待中失望，在失望中沉沦，最终以懊悔面对仍然悬而未决的想法。

鲜花盛开时不要忘记折下一支，纵然当时无法给它提供珍贵的花瓶和清澈的泉水，若非要等到有了花瓶再折花，花早就枯萎了。那缺少的花瓶大可用其他容器来替代，没有清澈的泉水，也许不远处就有潺潺的溪流。再美好的想法，若无行动，也是无法实现的；当你去做了，哪怕还有所欠缺，可终究会有解决的办法。

人生就像孩子手中的铅笔，看起来好像够长，用起来不知不觉中就嫌短了。在有限的生命里，要避免"一事无成"的遗憾，就要提升行动力，从手边的工作做起。比如，有了好的创意别停留在脑海里，用最实际的方式表现出来；关注工作中的细节，发现问题第一时间去解决；接到任务不拖延，集中精力立刻执行……当你改掉了拖沓、犹豫的习惯，成为一个行动主义者时，往往就会在细枝末节中发现机遇、抓住机遇。

生命的辉煌不是等出来的，是做出来的！

活着就是为了不断挑战

没有勇气的人根本就无法通过职场测试。优秀员工必备的品德之一就是勇敢，无所畏惧地向困难宣战。在关键时刻挺身而出保护弱小，你决不能退缩。

美国钢铁大王卡耐基是这样描述他心目中的优秀员工的："我们所急需的人才，不是那些有多么高贵的血统或者多么高学历的人，而是那些有着钢铁般坚定意志，勇于向工作中的'不可能'挑战的人。"

路易斯·郭士纳在加入 IBM 之前，IBM 正陷入前所未有的困境中，亏损严重，人心浮动。董事会经过讨论决定，从外部聘请贤士解决 IBM 的难题。经过猎头公司的推荐，他们最终将目标锁定在咨询顾问出身、曾在大型公司担任过总裁、现已赋闲在家的郭士纳。

猎头公司的高管和 IBM 的高级董事分别与郭士纳交谈过，希望他能出任 IBM 的 CEO。郭士纳当时并未答应，一是之前并未接触过任何计算机或同类公司的经营管理，二是从朋友那里得知了 IBM 的艰难现状。朋友劝他，别为此毁掉自己的一世英名。考虑再三，郭士纳拒绝了。后来，IBM 创始人之一的小沃尔森又与郭士纳进行了面谈，非常希望他加入 IBM，可郭士纳还是觉得把握不大婉言谢绝了。

至此，郭士纳以为这件事情就过去了，直到有一天，他被邀请参加美国总统克林顿的私人宴会，席间克林顿问及 IBM 邀请他出山的事。郭士纳表示，自己已经婉言谢绝，没想到克林顿却说了一句意味深长的话："IBM 是美国的 IBM，代表着美国，IBM 需要你，希望你能够重新考虑。"恰恰是这句话，唤醒了郭士纳内心深处的责任感。他不再计较个人成败得失，凭借着振兴美国工业巨头的责任心，接受了这份挑战。

或许，对于大多数普通职员来说，巨头企业 CEO 这样的职务与自己还有一段距离，但郭士纳在面对挑战时对于成败得失的顾虑，却是每个人都有过的。回头想想，我们在工作中也总会遇到"烫手的山芋"，比如高难度的任务，艰苦恶劣的环境，摇摇欲坠的危机……做好了皆大欢喜，做不好满盘皆输。在这样的情况下，不少员工都会选择明哲保身，不愿冒险。

话说回来，再难的事也总要有人去做，再麻烦的问题也总要有人去处理。西方的航海业有个不成文的规定，当一艘船遇到危险要沉没的时候，船长肯定是最后一个离开的，甚至有的船长干脆选择和船一起沉没。如果你能在困难时挺身而出、担起大任，无论成败与否，这种精神都会令人尊敬。尽管承担重任的过程需要付出更多，可能充满痛苦，但痛苦却是促人成熟的必经之路。

某日，龙虾和寄居蟹在深海里相遇了。寄居蟹看见龙虾把自己的硬壳脱掉，露出娇嫩的身躯，大惊失色地说："你怎么能脱掉硬壳呢？它可是唯一能保护你身躯的东西啊！你不怕被大鱼一口吃掉吗？就算没有大鱼，以你现在的样子，一个急流就能把你冲到岩石上去，到时你不死才怪呢！"

龙虾丝毫不紧张，气定神闲地答道："谢谢你的关心，你可能不知道，我们龙虾每次成长，都必须把旧壳脱掉，才能长出更坚固的外壳。现在面对危险，只是为了将来更好地生存做准备。"寄居蟹闭口不言，陷入了沉思中。

和自然界的生物一样，人也有一定的舒适区，若想超越自己目前的成就，就不能画地为牢，更不能想着逃避挑战，躲在安全区里不出来。职场的竞争不亚于自然界，对害怕危险的人来说，危险无处不在。正所谓，不进则退，你害怕面对，你不敢接受挑战，那就会被超越，被淘汰。

Q在某知名酒店IT部门担任主管，刚进入这家酒店时，他的职位是网络管理员。当时，这家酒店计划开设自己的千兆网站，但要建立千兆网站，必须要解决大量的技术问题，具体到网站如何设置以及大量的商业问题。

酒店的经理犯了难，这个项目执行人必须既懂计算机技术又懂销售，一时间去哪儿找合适的人才呢？问了酒店里的几个人，大家都知道责任重大，况且他们自己也有许多不明白的地方，索性就推辞了。结果，这个项目就被搁置下来。

Q是计算机科班出身，平时主要负责计算机联网工作，对业务上的事知道的并不多。可听说经理正在四处苦寻项目执行人，一筹莫展，他就自告奋勇地说："让我试试吧！"经理抱着试试看的心理同意了。

Q接手后，一边请教专业人员，一边自学商业和业务知识，一边解决网络技术问题。项目进展得不算快，但却在稳步前进。见此情景，经理对他的信任也日渐增加，不断地放手给他更大的权力，提供更多的支持。最后，他出色地完成这项许多人都推托过的任务，并因此得到了升职的机会。到现在，他还总是说，是那个"烫手的山芋"成就了他。

公司的每个部门和每个岗位都有各自的职责，在关键时刻挺身而出、接受挑战，绝不是一时冲动逞英雄的行为，而是要建立在有扎实的工作功底的基础上。有些自诩聪明的人想的是，如果自己揽下了任务却没做到，不仅丢了面子，还会丢掉老板对自己的信任，还不如不干。可问题是，如果大家都明哲保身，互相推诿，那公司的工作怎么进展呢？

很多各方面条件都不错且颇具才学的员工，由于缺乏应对困难的信心和勇气，不敢面对问题和挑战。从他们的表现可以看出，这些员工平日里习惯了循规蹈矩、随遇而安，遇到麻烦事尽可能躲得远远的，害怕失败，也没有勇气承受失败。正因为如此，这些明明具备种种令老板赏识的技能的人才，工作多年都没有大的作为，也没能得到重用，一直表现平平庸庸。

很多事情，不管是否能顺利、出色地完成，总得先有人尝试着去做！毕竟，做才有成功的可能。在这个关键时刻，企业和老板最需要的就是有胆识的员工，无所畏惧地接受挑战，积极地处理问题，绝不退缩。

有句话说，思想决定命运。不敢接受高难度的工作挑战，就是对自己的潜能没有信心，这种思想最终会让自身无限的潜能化为乌有。当然，仅仅有接受挑战的勇气还不够，重要的是在接受挑战后，能排除万难，坚定地走下去。

有个年轻的小伙子，原本是一家公司的生产工人，后来主动请缨说想做销售，恰好那会儿公司正招聘营销人员，经理与之详谈后，发现他具备从事营销工作的潜质，就同意了。

当时，公司的规模并不大，也就三十多人。面临诸多有待开发的市场，公司的人力和财力明显不足，经过商议决定，每个地方只派一名销售，那个小伙子被派往了西部的一个城市。

人生地不熟，吃住都成问题，这样的环境确实不太理想。可小伙子很珍惜这个工作机会，不想轻易放弃。没有钱打车，他就坐公交车去拜访客户，距离不太远的就步行前去。有时，他为了等一个约好的客户都顾不上吃饭。

为了节省开支，他租住了一个闲置的车库，因为只有一扇卷帘门，没有窗户，晚上一关灯，屋里就一丝光线都没有了。那个城市的气候也不太好，春有沙尘暴，夏有冰雹，冬有雨水，这俨然又是一个巨大的考验。有一回，他赶上了冰雹，险些受伤。这样艰苦的条件，真的超出了小伙子的想象，说不动摇绝对是骗人的。可每次动摇时，他都会对自己说："我不能放弃这份工作，我要对它负责！我不能辜负领导的信任！"

一年后，派往各地的销售人员纷纷回到公司，有六七个人不堪忍受工作的艰辛离职了。小伙子的业绩是营销团队中最好的，他自然也得到了丰厚的回报。三年后，小伙子已经成了公司的市场总监，此时的公司也已经发展成一个几百人的中型企业了。

人生最精彩的篇章，不是你在哪一天拥有了多少财富，也不是你在哪一刻赢得了赞誉。最振奋人心的、最令人难忘的，也许就是你在某一个艰难而关键的瞬间，咬紧牙关战胜了自己。如果你想摆脱平庸，拥有卓越的人生，那就先丢掉内心的恐惧和退缩，勇敢接受挑战吧！

危机起于安逸

美国海军陆战队有一个铁律：所有士官和军官，无论在工作上有多胜任，表现有多优秀，每隔半年都必须参加一次体能测试。未能通过测试者，将经历严格的重新考评。如果仍未过关，他的职业发展就可能到此终结。所以，无论是新入伍的士兵，还是久经沙场的军官，任何人都不敢懈怠，放松对自己的要求，或是躺在军功章上过高枕无忧的日子。

这支队伍里没有安逸，没有悠闲，每个人都要时刻保持战备状态，不断地打磨、约束、提升自己。他们牢记着一点：随时备战，为获胜做好一切准备。正是秉承着这种严肃、进取的精神，海军陆战队才得以创造出传奇的事迹。

同样，当员工进入企业后，习惯了顺风顺水、平步青云的状态，也会不知不觉产生麻痹松懈、骄傲自满的情绪，在细节之处变得疏忽。一旦这种情绪汇聚起来，形成了一种风气，若是遇到突发事件，企业就会岌岌可危。这种散漫悠闲的状态，对于员工个人而言，也不是一件好事。没有压力就没有动力，没有竞争就没有参照，没有参照就没有提升。

羚羊与狮子的故事，想必很多人都听过：在非洲大草原上，狮子想要活命，就必须捕捉到足够的羚羊作为食物；羚羊若要活命，就必须跑得比狮子更快。在这种没有退路的竞争状态下，大自然把狮子造就成了最强壮凶悍的动物，也把羚羊造就成了最敏捷善跑的食草动物。

什么叫适者生存？不是淘汰羚羊或狮子，而是淘汰羚羊和狮子中不能适应环境的弱者。竞争的过程，从表面上看是淘汰对手的过程，可实质上却是不断克服自身缺陷、让自己变得更加强大的过程。企业竞争和自然界竞争一样，也遵循着优胜劣汰的法则，无论你是"羚羊"还是"狮子"，当太阳升起的时候，你都必须得"跑"起来。

可惜，现实的状况却并不乐观。很多企业员工向往的是"睡觉睡到自然醒，上班不累常加薪"的工作状态，尤其是已经体验到工作辛苦、竞争激烈的人，更是把轻松惬意视为理想和追求。

而有这种想法的大都是二三十岁的年轻人，正处于该奋斗、该上升的年纪，他们却向往着安逸的生活，心中没有丝毫的职业危机感。很难想象，再过五年、十年，他们是否还能保住现在的岗位和职务？毕竟，那些比他们优秀的人还在努力，你不进步就意味着倒退。

其实，一份安逸的工作，并不真如表面看上去那么好，在悠闲和轻松背后，隐匿着诸多的职业危机。

◆ 危机 1：思维被固定的环境束缚

长时间在一个相对固定的环境中工作，接触熟悉的人、熟悉的事物，往往就会让思绪范围缩小，关注的内容也变得有限。外界的大环境始终处于快速变化中，新的职业、新的职位、新的工作模式层出不穷，安逸的状态会降低对这些事情的敏感度，久而久之，就会与时代脱钩，与职场脱钩。

◆ 危机 2：在安逸中变得懒散松懈

轻松而熟悉的工作，做起来总是得心应手的，不必花费多少时间、多少精力，就能轻松完成。工作平淡如水，时间长了人也变得懒散、倦怠。如有一天，换了工作岗位，多了工作任务，可能就会效率低下，毕竟懒散的作风已成习惯。

◆ 危机 3：职业竞争力不断下降

有压力才有动力，这句话用在工作中很是恰当。一个工作清闲的人想借助闲散时间学习外语，多半没有大的成效；一个工作中必须用到英语、自身的英文水平不佳的人，在闲散时间学习英语效果却大不一样。为什么呢？原因就是，前者没有压力，没有学习目标；后者面对竞争，势在必行。这也从另一个角度告诉我们：舒适的环境会让一个人的职业竞争力下降。

有句话说："30 岁之前太安逸，30 岁之后就会没动力。"

年轻时过得太安逸，未经受过任何风吹雨淋，会逐渐丧失适应外界环境的意识，在舒适的环境中滋生懒惰，失去向前发展的动力和能力。在应当奋斗的时候，要敢于舍弃舒适的环境、直面人生打拼的绝佳时机，积极进取。

那么，作为企业中的员工，如何做才能避免沉溺于安逸之中呢？

1. 时刻保持危机意识

羚羊和狮子在生存的压力之下，从不敢松懈一丝一毫。它们知道，如果不努力去奔跑，就意味着有一天会被大自然淘汰。职场一样遵循物竞天择的规律，没有居安思危的意识，就会麻痹大意，疏忽松懈，在激烈的竞争中被超越、被淘汰。很有可能，今天你是公司所有人眼中的"红人"，明天就加入求职大军的行列中去了，文凭和证书保证不了你的位置。

顾先生本科毕业后分配到某大型国有企业工作已经 15 年了，工作和专业很对口。刚参加工作那会儿，顾先生干劲十足，想做出点名堂来。渐渐地他发现，单位里人多事少，有时一整天下来，就是聊聊天、看看报，根本没什么事情可做。他想过跳槽，可又留恋这份轻松、收入不错的工作。就这样，不知不觉过去了十几年。

最近，企业开始改制了，顾先生下岗了。这时候，他才彻底意识到，自己陷入了尴尬的境地：重新找工作，可过去的专业知识全丢了，没有实操的技术和经验。想到自己昔日的一些同学，不是自己创业，就是在私企做了中高层，自己人到四十还得从零起步，实在是窘迫。

有危机不可怕，没有危机才可怕，而没有危机意识更可怕。现实中有很多人、很多企业就是因为沉迷于安逸的现状，没有危机意识，最终被竞争的潮水吞没。一定要把危机意识深入心中，保持高度的警惕，随时做好危机到来的准备，才能在近乎残酷的职场中长成一棵"常青树"。

2. 不断树立新的目标

无论羚羊还是狮子，只要太阳一出来就会奋力奔跑，日复一日年复一年。这是它们给自己树立的目标，而实现目标的结果也很明显：狮子可以获得美餐，羚羊可以保住性命。在目标的指引和结果的支撑下，它们坚持不懈地努力。

牛顿曾经说："我所取得的一切对我来说都不重要，我的成就感来自于我的不断超越。今天的我要超越昨天的我；而今天的我将被明天的我超越。"

作为员工，也要不断地给自己树立目标，并为之付诸努力。这个目标开始时可以很小，如1个月内挖掘出一个新客户；当这个目标实现后，可再树立更高一点的目标，同时改进工作方法。在这种不断超越的过程中，个人的工作技会得到提升，事业的积累会更加深厚。

3. 在竞争中不断成长

世界顶尖潜能大师安东尼·罗宾说："并非大多数人命里注定不能成为爱因斯坦式的人物。任何一个平凡的人，只要他不害怕竞争，就可以成就一番惊天动地的伟业。"

当我们为了成功的事业和美好的生活打拼时，一定会遇到各种各样的竞争，遇到各种各样的对手。不要畏惧竞争，有了对比和较量，你可以清楚地知道自己的实力，也可以发现自己的不足，还可以从对手身上获取经验和力量。即便是失败了，当你鼓起勇气重新站起来的时候，你会比从前上升了一个高度。

世界因视角而不同

鲁迅曾经说过，一本《红楼梦》，经学家看见《易》，道学家看见淫，才子看见缠绵，流言家看见宫闱秘事。任何事情都不是绝对的正反两方面，都没有一把统一的标尺来衡量它的是与否，从不同角度去看，就会看到不同的风景，会有不同的感受。正应了苏轼的那首诗："横看成岭侧成峰，远近高低各不同。"

罗素的中国行

20 世纪英国最具影响力的思想家罗素，在 1924 年来到中国的四川。那个时候的中国，军阀割据，民不聊生。当时正值夏天，天气非常闷热。罗素和陪同他的几个人坐着那种两人抬的竹轿子上峨眉山。山路陡峭险峻，几位轿夫累得大汗淋漓。此情此景，罗素没有了心情观景，而是考虑起几位轿夫的心情来。罗素想，轿夫们一定痛恨他们几位坐轿的人，这么热的天，还要他们抬着上山，甚至他们或许正在思考：为什么自己是抬轿的人而不是坐轿的人？

到了山腰的一个小平台，罗素下了竹轿，认真地观察轿夫的表情。他看到轿夫们坐成一行，拿出烟斗，有说有笑，丝毫没有怪怨天气和坐轿人的意思。轿夫们还饶有兴趣地给罗素讲自己家乡的笑话，很好奇地问罗素一些外国的事情，在交谈中不时发出笑声。罗素在他的《中国人的性格》一文中讲到这个故事，他还因此得出结论：用自以为是的眼光看待别人的幸福是错误的。

秀才赶考

一位秀才进京赶考，住在一家旅店里。考试前两天的晚上秀才做了三个梦：第一个梦是自己在墙上种白菜；第二个梦是下雨天他戴了斗笠还打着伞；第三个梦是与心上人未穿衣服躺在一起背靠背。这三个梦意味着什么？秀才摸不着头脑。

第二天，秀才便去找算命先生解梦。算命先生听完他述说三个梦后，一拍大腿："我看你还是打道回府吧，没有什么希望了。你想，高墙上种白菜不就是白种吗？戴了斗笠还打着伞不是多此一举吗？和心上人一起没穿衣服却背靠背不是没戏吗？"秀才一听，心一下掉进了冰窟窿，回旅店后便收拾包袱准备回家。

店老板感到有点奇怪，问他还没考试怎么就要回去。秀才如此这般把算命先生的解梦说了一遍。店老板听了乐着说："依我看，这次你一定要留下来，希望很大。你想，高墙上种白菜不是高种（高中）吗？戴斗笠还打伞不是有备无患吗？你和心上人背靠背躺在一起不是说明你翻身的机会就要来了吗？"秀才一听，觉得挺有道理，于是精神饱满地参加了考试，结果中了个探花。

如同一枚硬币的两面，人生也有正面和背面。愉快、光明、幸福、希望……这是人生的正面；忧愁、黑暗、不幸、绝望……这是人生的反面。试想，如果这位秀才相信解梦先生的话，他还能够改写自己的人生吗？而店主的一席话，使他换个角度看问题，因而也就获得了意想不到的成功。

俞仲林的牡丹

中国有一位著名的国画家俞仲林擅长画牡丹。有一次，某人慕名要了一幅他亲手所绘的牡丹，回去以后，高兴地挂在客厅里。买主的一位朋友看到了，大呼不吉利，因为这朵牡丹没有画完全，缺了一部分，而牡丹代表富贵，缺了一边，岂不是"富贵不全"吗？买主一看也大为吃惊，认为牡丹缺了一边总是不妥，拿回去准备请俞仲林重画一幅。

俞仲林听了他的理由，灵机一动，告诉买主，既然牡丹代表富贵，那么缺一边，不就是富贵无边吗？买主听了他的解释，觉得有理，高高兴兴地捧着画回去了。

同一幅画，心态不同，便产生了不同的看法。所以，凡事都应持一种积极的心态，往好处想，不要看什么都不顺眼，要学会换个角度看问题，这样就会少些烦恼、苦痛、牢骚，多些欢乐、平安。

佛经中有一句偈语："一花一世界，一叶一菩提。"角度不同，观察的结果不同。工作中若能灵活地运用各种不同的视角，往往会起到事半功倍的效果。

尤伯罗斯的零成本奥运会

美国亿万富翁尤伯罗斯没有花政府一分钱，成功地组织了1984年洛杉矶奥运会，这使他赢得了全世界的瞩目，也使世界各国发现了举办奥运会的巨大利益。从此，奥运会的举办权就变得极其抢手起来。

尤伯罗斯是一个干什么都能全身心投入的人。他在奥克兰机场当过普通工人，还干过售票员、行李搬运工、广告推销员等杂工。获得经济学学士学位后，与妻子一道进入洛杉矶航空服务公司，并被委任为该公司驻夏威夷办事处的负责人。尤伯罗斯没有辜负重托，他工作出色，不到一年，22 岁的他就被提升为公司的副总经理。

1962 年，因为原来的老板卖掉了自己的航空公司，尤伯罗斯跳槽到西雅图国际航空公司。新的工作岗位并没有给他带来好运，由于公司业务不景气，他负债累累。一年以后，他才摆脱这场危机。

尤伯罗斯始终记得这次财政赤字给他带来的痛苦和无奈，他决心依靠自己的双手，创造财富。不久，尤伯罗斯在好莱坞创建了仅有一间办公室的国际运输咨询公司。由于经营有方，盈利颇丰。1967 年，资金已近 40 万美元，并开始发行股票。1972 年，国际运输咨询公司已颇具规模，资产日增。不久，尤伯罗斯以 67 万美元的价格买下了一家历史悠久的旅游服务公司，并将其分布在世界各地的 38 个办事处发展到 100 多个。1973 年，尤伯罗斯又进军旅馆业，创立了"侨胞旅社公司"。

40 岁以前，尤伯罗斯的个人资产已有 100 多万美元，进入百万富翁的行列。1978 年，美国洛杉矶获得了筹办 1984 年奥运会的资格，在决定组织人选时，尤伯罗斯有幸被选中了。

尤伯罗斯的机会就这样来了。他欣然接受任命，担任第 23 届奥运会组委会主席。可是，刚一上任，他就发现组委会几乎是个空壳子，既没有办公室，也没有办公用品，银行里也没有账号，一切都是零。尤伯罗斯自己拿出 1 万美元，在银行立了户头，又租下一所房子作为组委会临时办公之用。两个月以后，他们才在库尔汉大街的一处由厂房改建的建筑物里正式落下脚。

一开始，许多人都为尤伯罗斯捏一把汗。因为，在这之前，历届奥运会举办的历史都证明，对一个国家一个城市来说，举办奥运会的确是一种光荣，但同时也是一场灾难，一场财政上的灾难。洛杉矶在1932年曾经举办过一次奥运会，那种大规模的浪费使得财政出现巨额亏损，以后在其他国家举办的每一次奥运会都是如此。

经过深思熟虑，尤伯罗斯决定一改以往的做法，充分利用现有设施，尽量避免大兴土木、营造新建筑。他采取了一个最省钱又直接的方法：由赞助者提供各个项目最优秀的设施，而赞助者得到的是无与伦比的宣传效果。这种在互利基础上解决财政困难的方法无疑是一个创举。通过这一举措，尤伯罗斯将举办奥运会与社会经济生活联系起来，大众举办奥运会的热情空前高涨。此举获得了众多企业的经济支持。

企业家们很清楚这样的宣传机会十分难得。世界性的盛会，借助现代新闻媒介、电视转播可以将他们的产品介绍到全球的每一个角落。所以，尽管尤伯罗斯将价码提得很高，条件苛刻，如要求赞助者必须长期而且自始至终地对奥运会给予赞助，并对一些商业广告的范围、区域做了硬性规定，但那些企业巨头们还是纷纷前来，都想抢先争取到最热门运动项目的赞助权。到后来，尤伯罗斯不得不按5选1的比例来确定到底由谁赞助，这样定下了23家赞助公司。

转播奥运会盛况的权力是数额最庞大的一笔交易，尤伯罗斯为此煞费苦心。经过反复协商与谈判，终于以2.5亿美元的高价与美国国际广播公司达成协议。在这次谈判过程中，尤伯罗斯表现出他高超的谈判技巧，直到协议签订之后很长时间里，这家公司负责体育节目的副总经理还对尤伯罗斯赞赏有加。

敢于创新的尤伯罗斯大胆地打破了一个奥运史上形成已久的惯例：以前，无论是广播还是电视转播体育节目一向都是不收费的，而自这一届奥运会起开创了买卖体育节目转播权的先例。

1984 年 7 月 23 日，第 23 届奥运会在洛杉矶隆重开幕，来自世界各地的运动员和观众以及美国人民表现出空前的热情。这一届奥运会的规模和盛况超过了以往任何一届，来自 140 多个国家和地区的 7960 名运动员齐聚洛杉矶，一展身手；观众购票也十分踊跃，体育场馆几乎是座无虚席。

洛杉矶奥运会结束后，一系列数字证明了尤伯罗斯的巨大成功。他没有用美国政府一分钱，却为政府赚取了一大笔钱，除去一切开支，最后余下的款额是 1.5 亿美元。

英国物理学家、作家和发明家爱德华·德·博诺说过："创新必须打破既定的模式，才能处于全新角度观察事物。"第 23 届奥运会已经过去多年了，但人们不会忘记在那次奥运会气势壮观的闭幕式上，国际奥委会主席萨马兰奇给尤伯罗斯佩戴象征着奥林匹克最高荣誉的金质勋章的镜头，人们将永远铭记尤伯罗斯为世界奥运史所做的开创性的贡献。

正如电影《死亡诗社》里的老师基廷（Keating）鼓励学生站在课桌上审视周围一样，换一个角度，世界将给你呈现新的景色，也许智慧之门就此打开。

或许，改变了视角，世界就变了

打开思维的栅栏

没有学习与创新，人生必将波澜不惊。

如果你是一个探险家，被困在了茫茫雪山中，食物耗尽，精疲力竭。你靠着仅有的设备与外界取得了联系，寻求援救。可是在茫茫雪海里寻找一个人难度太大了，警方出动了数架直升机，还是没能寻觅到你的踪影。在"弹尽粮绝"的情况下，你获救的希望变得越来越渺茫，面对这样的现实，你该怎么办？

事实上，这不只是一个假设的问题，而是一个真实的案例。

那位被困在雪山上的探险家，最终选择了割肉放血！但他不是要自杀，而是用这种可能会加速死亡的方式引得救援人员的注意，鲜血染红了雪地，在白茫茫的视野中格外显眼。最终，在似乎绝望的困境中，他获救了。

在面临困难的处境时，不能因循守旧、墨守成规、停步不前，要敢于打破常规、解放思想、大胆创新，才有可能创造出新的生机。创新，既是一条生存法则，亦是一条成功智慧。

现代人才的竞争十分激烈，如何才能在众多员工中脱颖而出？如何能紧跟时代的步伐，不被社会淘汰？如何才能在职场中百战百胜，笑傲风云？现实的经验告诉我们：创新！

何谓"创新"？那就是人无我有、人有我优、人优我改！对于员工来说，"创新"意味着打破现有的僵化工作模式，打破经验主义和教条主义，遇到问题多动脑，冲破旧的思路，大胆地开辟新方法、新路径，唯有这样才能做出精品、超越他人，成就企业，成就自己。

哈罗啤酒厂位于布鲁塞尔东郊，无论是厂房建筑还是车间生产设备，都与其他啤酒厂没什么区别。唯一不同的是，这家啤酒厂有一个出色的销售总监杰克，他曾经策划的啤酒文化节轰动了欧洲，如今依然在多个国家盛行。

杰克刚进厂时还不满 25 岁，他相貌平平、家境贫寒，一直担心自己找不到对象。当他喜欢上了厂里的一个优秀女孩并鼓起勇气表白时，对方却说："我不会看上你这样平庸的男人。"这句话深深刺痛了杰克的自尊心，他发誓要做出一点非凡的事情来，证明自己不是无能之辈。可是，至于具体能做点什么，他并没有理出头绪。

当时的哈罗啤酒厂效益不太好，虽然也想在电视或报纸上做广告，可因销售的不景气根本拿不出这笔资金。杰克多次建议厂子到电视台做一次演讲或广告，都遭到了拒绝。无奈之下，杰克决定大胆一次，做自己想做的事。

很快，杰克贷款承包了厂里的销售工作，当他正为如何做一个省钱的广告发愁时，他不知不觉走到了布鲁塞尔市中心的于连广场。那天恰好是感恩节，虽然已是深夜，可广场上依旧热闹非凡，场中心撒尿的男孩铜像就是因挽救城市而闻名于世的小英雄于连。人们围绕着铜像尽情地欢乐，一群调皮的孩子用自己喝空的矿泉水瓶去接铜像里"尿"出来的自来水，然后相互泼洒。看到眼前的这幅景象，杰克萌生出一个奇思妙想。

第二天，路过广场的人们发现，于连的"尿"和往常不太一样，它不再是清澈的自来水，而是成了色泽金黄、泡沫泛起的"哈罗啤酒"，铜像旁边有一个大广告牌，上面赫然写道"哈罗啤酒免费品尝"。大家觉得新鲜有趣，纷纷拿着瓶子、杯子排成长队去接啤酒喝。

这个新奇有趣的事件惊动了媒体，电视台、报纸、广播电台争相报道。就这样，杰克没有花费一分钱，就让哈罗啤酒上了报纸和电视。这一年度，哈罗啤酒的销售量产量大增，比往年跃升了 18 倍。

企业家爱德华曾说："没有创新精神的人是可悲的，他们其实毫无用处。"

听起来似乎有点绝对，但它在某种程度上也折射出一个道理：老板喜欢有创新精神的员工，企业需要创新精神。尽管那些服从命令、按部就班的员工具备踏实忠厚的品质，但他们在工作中缺乏主动精神，没有自己的想法，无法给企业带来飞跃性的转折；那些自动自发、有独立思考能力、善于创新的员工，在遇到问题时习惯从另一条路去找方法，纵然不能做到屡次都成功，却让企业有了不同的尝试，给领导或其他员工带来启发。

美国的 3M 公司，是世界著名的产品多元化跨国企业。在 3M 公司，流传着一句非常有趣的话："为了发现王子，你必须和无数个青蛙接吻"。"与青蛙接吻"的寓意是什么？就是错误和失败。

这句话迎合公司的一项"工程师自主研究"的制度。谁都知道，研发的过程就是不断地探索和创新，期间不免会遭遇各种阻碍和失败，犯各类错误，但其领导人说："在 3M 公司，你有坚持到底的自由，也就是意味着你有不怕犯错、不畏失败的自由。"一个项目失败了，领导层从未考虑过如何惩罚员工，而是让他们在错误中成长，等到下一个项目时，能够巧妙地规避同类错误，增加成功的砝码。

曾经，公司的一位高级负责人，试图尝试开发一种新产品，但中途发生了意外，给公司造成了 1000 万美元的损失。当时，很多人对他的做法都感到不满，甚至有人提出要将其开除。然而，公司的董事长却认为，这次错误不过是创新的"副产品"，是可以被原谅的。如果继续给他工作的机会，他的进取心和才智可能会超过没有经受过挫折的人，相比那些害怕失败而不敢创新的人来说，这样敢于犯错的员工更显珍贵。

在董事长的信任和鼓励下，这位创新失败的高级负责人不但没有被开除，反而更加受重视。汲取了上次失败的教训，他重新进行实验开发，最终获得了成功，为公司做出了卓越的贡献。

这种宽容错误和失败的心态，从高层领导一直传递到最底层的员工。

多年来，3M从来没有因为"员工希望多做点事情，结果没有做好"而惩罚他们，而那些庸庸碌碌，麻木地"做一天和尚撞一天钟"的人，却是裁员时的首选。

创新精神不是与生俱来的，创新能力也不可能像神话中所描绘的那样会在某天早上突然降临到你的身上，它与个人的工作方式密切相关，是逐渐培养起来的。

1. 充分发挥想象力

一个建筑公司的员工找经理报销买小白鼠的钱，经理百思不得其解。员工告知，前两天装修的房子需要更换电线，而电线在一根直径只有2.5厘米、长10米的管道里，且管道被砌在砖墙里，还拐了4个弯，靠人来穿线几乎是不可能的。于是，他买了两个小白鼠，一公一母，把一根线绑在公鼠身上，并把它放到管子的一端；把母鼠放在管子的另一端，想办法逗它叫，吸引公鼠向它跑去。公鼠沿着管道奔跑时，系在它身上的那根线也就被拖进了管道。

没有解决不了的问题，只有不肯想办法去解决的人。在面对一些无法按照常规模式解决的问题时，就要充分发挥想象力，用特别的方式去处理。要丰富想象力，平日里就要多读书，开阔视野，积累知识。

2. 走少有人走的路

爱因斯坦在苏黎世联邦大学读书时，曾问自己的导师明科夫斯基："我怎么做才能在科学界留下自己的光辉足迹？"明科夫斯基一时间不知如何作答，直到三天后，他把爱因斯坦拉到了一处建筑工地，不顾工人的呵斥，踏上了刚刚铺平的水泥路，并说："只有未被开垦的领域，只有尚未凝固的地方，才能留下脚印。那些被前人踏过无数次的地面，别想再踏出属于你的路来。"

　　这句话让爱因斯坦如梦初醒，在后来的科学之路上，他一直留意着别人未曾在意过的东西，对诸多传统说法提出质疑，大胆创新，最终在人类的科学史上留下了自己的足迹。

　　循着别人走过的路，很难留下自己的脚印，只有勇敢地去怀疑和实践，走少有人走的路，才能发现未知的领域，有不一样的收获。

　　3. 不要被经验束缚

　　一艘远洋轮船不幸触礁，幸存的九个船员在海上漂泊几日后，登上一座孤岛。岛上一片荒芜，没有可吃的东西，也没有任何溪流。烈日当空，船员们口渴难耐，看着眼前一望无际的大海，既想喝却又不敢喝。

　　几天过后，其中的八个船员被渴死在孤岛。剩下的那个幸存者，在饥渴与恐惧的包围下，跳进了海里。他大口大口地喝着海水，却没想到那海水竟然是甘甜的！他以为自己会死掉，不曾想却活了下来，在获救之前的几天，他一直靠喝岛边的海水度日。后来，人们经过化验得知：这里的海水下面有地下泉水，所以海水变成了泉水。

　　经验是一座宝藏，可以为人们提供智慧，但经验不是绝对的，在有些情况下非但不奏效，还可能会束缚人的思维。在遇到一些棘手的难题时，应当参考过去的经验，但不要被经验捆绑，在经验无法提供帮助时，就要打破经验，寻找解决问题的新途径。

　　4. 换个角度思考问题

　　圆珠笔刚问世时，芯里装的油比较多，往往油还没用完，小圆珠就被磨坏了，弄得使用者满手都是油，很狼狈。为了延长圆珠笔的使用寿命，人们尝试用不少特殊材料来制造圆珠，可问题依然没能得到解决。就在这时，有人转变了思路，把笔芯变小，让它少装些油，让油在珠子没坏之前就用完了，问题顺利得到解决。

当你绞尽脑汁也想不出对策的时候，不妨换一个角度去思考。在某些时候，换一种思维，换一个角度，就会有不一样的发现。工作时，多思考你从没想过的解决办法，就可能大大提高工作效率。

说了这么多道理和方法，就是希望每一位员工都能走出囚禁思维的栅栏，突破思维定式。世上没有一定成功的事，也没有注定失败的事，只要你大胆地迈出第一步，敢做一个不向现实妥协而积极创新的骑士，你会离成功越来越近。

小细节蕴含大创新

现代管理学之父彼得·德鲁克说："行之有效的创新，在一开始可能并不起眼。"细节的力量有时是不可估量的，虽然细小，但正是它们积蓄了生活和历史的进步和倒退。

细节不只是一种生活态度，有时改进细节就是创造。早些年，当日本人把缝衣针出口到中国时，中国的厂商愤愤不平，以为中国人的崇洋心态在作怪，然而一看人家的产品，敬佩之心油然而生。我们的针孔是圆的，而日本的针孔是长的，人家的针孔比咱们的大得多，对于经常需要穿针引线的人来说这一细节是至关重要的。

外表变化一点点

番茄酱是日本人最爱吃的调味品之一，销量非常大，竞争也十分激烈。可果美公司与森永公司是两家最具竞争力的公司，长期以来，两家一直为争夺更大的市场占有率而"明争暗斗"。森永公司的番茄酱质量与可果美的一样，广告宣传甚至比可果美还多，但销量却不及可果美的一半。森永公司老板百思不得其解，该公司的一名推销员提出建议：将番茄酱的包装瓶口改大，大到足以把汤匙伸进瓶里，易于消费者方便地取出番茄酱。老板立刻采纳并付之生产，结果非常成功，销量急剧增加。不到半年时间，森永公司的销量便超过了可果美。一年后，森永公司的番茄酱占领了日本大部分市场。

森永公司的成功之处就在于考虑到了包装物对消费者使用商品的方便性。包装物的方便性功能对商品销量是一个至关重要的因素。

日本的东芝电器公司在 1952 年前后曾一度积压了大量的电风扇卖不出去。7 万多名员工为了打开销路，费尽心机，依然进展不大。有一天，一个小职员向公司领导人提出了改变电风扇颜色的建议。当时全世界的电风扇颜色都是黑色的，东芝公司生产的电风扇也不例外。这个小职员建议把黑色改为浅颜色，这一建议引起了公司领导人的重视。经过研究，公司采纳了这个建议。第二年夏天，东芝公司推出了一批浅蓝色电风扇，大受顾客欢迎，市场上还掀起了一阵抢购热潮，几个月之内就卖出了几十万台。

这一事例告诉我们，只是改变了一下颜色这种小细节，就开发出了一种面貌一新、大为畅销的新产品，使整个公司渡过难关。这一改变颜色的设想，其经济效益和社会效益何等巨大！

而提出这一设想，既不需要渊博的科学知识，也不需要丰富的商业经验，为什么东芝公司其他几万名员工就没人想到，没人提出来呢？

为什么日本及其他国家的成千上万的电器公司，在长达几十年的时间里，竟没人想到呢？自有电风扇以来，它的颜色就是黑色的。虽然谁也没有作过这样的规定，而在漫长的生产过程中已逐渐形成一种惯例、一种传统，似乎电风扇只能是黑色的，不是黑色的就不称其为电风扇。这样的惯例、这样的传统反映在人们的头脑中，便成为一种根深蒂固的思维定式，严重地阻碍和束缚了人们在电风扇设计和制造上的创新思考。

很多传统观念和做法，有它们产生的客观基础，而得以长期存在和广泛流传，也有其自身的根据和理由。一般来说，它们是前人的经验总结和智慧积累，值得后人继承、珍视和借鉴。但也不能不注意和警惕：它们有可能妨碍和束缚我们的创新思考。

以细节为突破口，改变思维定式，你将步入一个全新的境界。一些细节，因其微小被人们忽略了，然而却造成了大问题，带来了大麻烦。一些聪明人善于从细节做起，从而使局面得到很大的甚至是彻底的改观。

先付出一点点

在一个全国性的酒类博览会上，很多的国内知名品牌厂家蜂拥而至。一家名不见经传的小厂也想去占一席之地，但由于场面之大，远超出酒厂领导的预测，小酒厂的产品和参展人员被挤在一个小角落里，虽然产品是运用传统工艺精心酿制的佳品，但从外观和广告宣传上，都很难让经销商认可。直到博览会将近尾声，小酒厂的产品依然无人问津，一无所获，厂长一筹莫展。

这时供销科的科长突然来了灵感，对厂长说："让我来试一下。"只见科长拿了两瓶酒装在一个网袋里就往大厅中心走去，这一举动使得厂长莫名其妙。

只见这位科长走到大厅中央人员密集的地方，突然一不小心，将两瓶酒掉在地上，碎了，顿时大厅内酒香四溢。到这个博览会参展和订货的都是些品酒专家，当时很多人就从这飘散的酒香中得出了结论——这肯定是好酒。就凭这酒香，小厂两年生产的产品，在一个多小时内被订购一空。由于厂长说暂时不想扩大生产规模，以保证产品质量，使得很多经销商只有遗憾而归。

从此，小厂的品牌，一举成名，产品供不应求。

这位科长的举动可谓是一种创新的推销方式，要以正常的行为方式在强手如林中抢占一块市场，谈何容易？可这位科长的超常规举动就把这个无名小厂推向高峰，这就是创新的力量。

我们的思维往往都是被一些固守的经验主义束缚着的，有时很不容易去撕破束缚，要做到超越这些旧的思维模式，使自己拥有一颗始终能创新的脑袋，就得具备超脱的思想意识、精细的思维设计能力、果敢的自信心，以及敏锐的洞察分析能力。

具备这些，你就能随时发现可供你创新的条件，这样，你在这个充满着激烈竞争的环境里就会领先和超越，处于弄潮儿的位置上。

每天都有新想法的吉尔博夫妇

1970 年，曾经过了 20 年"嬉皮士"生活的吉尔博夫妇，开始建立起自己的"西屋"时装店。设在巴黎的"西屋"随着两人不断求新的性格而不断地变换产品，新潮服装在货架上接二连三地出现，它像一块磁铁，吸引着一些青年人。

随着时间的推移，"西屋"的名气越来越大。吉尔博继续用粗蓝布料不停地设计、剪裁，之后缝制、出售。功夫不负有心人，他们终于创出了牌子。伴着商场里散发着的皮革的清香和鞣料的气息，"501"牛仔裤终于赢得了顾客的信任。吉尔博夫妇欣喜若狂，他们的事业终于取得了成功。

他们的时装以自己独特的魅力、潇洒的风格、新颖的款式，而获得众多顾客的喜爱。他们设计的时装不仅吸引着法国的人们，就是在美国、意大利、加拿大等国家，也拥有众多的追随者。

随着"西屋"影响日益扩大，成衣商们开始眼红起来，他们意识到仿制吉尔博服装的款式一定可以大发横财。于是，假冒产品不断出现。类似吉尔博夫妇设计的服装充斥着各地市场，就连巴黎中央市场的服装区，也有许多冒牌货。面对假冒服装的泛滥，吉尔博夫妇束手无策，又一次濒临破产的边缘。

正当吉尔博夫妇痛苦之时，意大利一位商人阿尔多·齐阿瓦塔，向他们伸出了援助之手，把这对快要破产的夫妇从"死亡"的边缘拉了回来。而吉尔博夫妇则决心抓住这个机会大干一场。很快，齐阿瓦塔投资生产的系列服装"CLOSED"投向市场。出乎吉尔博夫妇所料，这个系列很快就占领了市场，销售量猛增。

随着"CLOSED"系列不断在市场上走俏，吉尔博夫妇更加信心百倍，斗志高昂，又迅速地推出一系列产品。这些系列中每个产品都注有自己的商标，每个系列都是各自独立的，这也是他们从过去的遭遇中总结出的教训。没想到这种做法无意中竟成了自己的特色。至今，吉尔博服装中仍有几个商标是独立的。

在牛仔裤取得成功之后，吉尔博夫妇同一位好友共同创立了山林公司，主要经营皮草服装。他们接着把目光投向了儿童，因为童装的消费是个前景广阔的市场。他们说干就干，童装系列产品很快出厂，走向市场。即使现在，MAILIA 等商标的产品仍是人们争购的对象。

吉尔博夫妇对服装市场有着相当敏锐的洞察力，这不仅使他们保证了自己持续发展的势头，还为自己的企业扩大了经营范围。他们的产品遍布世界各地，吸引着众多的顾客。他们那潇洒的粗布猎人裤和直筒农妇裤，他们设计的"囊袋裤"、"爷爷裤"和加拿大的"骑警裤"等款式，也是既新颖又实用，深受消费者青睐。

在经营过程中，吉尔博夫妇认真对待每一个系列的产品，从设计、剪裁、缝制，一直到出售，他们都要追踪调查顾客的兴趣，倾听顾客的意见。为投顾客所好，他们常常标新立异，使自己设计的每个系列都能强烈地吸引顾客，让顾客过目难忘，非买一件试试不可。如今的吉尔博夫妇，不仅在法国的外贸经济上占据重要地位，而且在世界上也颇有影响，他们的企业已成为跨国企业。山林公司的子公司已经遍布日本、美国、澳大利亚、西班牙等国，公司年营业额高达数亿美元。

吉尔博夫妇就是这样靠不断创新产品，最后成为法国的牛仔裤巨头。

成功者之所以成功，并非他们在做多么伟大的事情，而在于他们不因为自己所做的是小事而有所倦怠和疏忽，在于他们能看到别人看不到的细节。伟大的成就来自于细节的积累，无数的细节就能改变生活。我们唯有在把握细节中预约精彩，在研究细节中积淀智慧，才能在实践细节中走向成功！

犹豫不决的人永远找不到最好的答案

布里丹毛驴的故事，相信很多人都听过：在面对两堆数量、颜色都差不多的草料时，毛驴左右为难，反复挑选，始终不知道该吃哪堆草好。它就那样一直站在原地犹豫着，最后竟然被活活地饿死了。

这听上去很可笑是不是？可透过故事反观生活，很多人也会犯同样的错误，在面对上司安排的任务或是自主创业的时候，内心激情四射，想法非常好，可就是没有马上去干，总担心有这样那样的不足，结果把大量的时间和精力都浪费在了犹豫中，时间过去了，机会也错失了，空留下一堆遗憾。

约翰·戈达德在 8 岁生日那天，收到了祖父送的一份礼物：一幅被翻得卷了边的世界地图。从此，那张地图带给了他一个全新的世界，开拓了他的视野，为他插上了梦想的翅膀，开始了他传奇般的人生。

约翰·戈达德在望着那张地图的时候，萌生了很多的愿望：到尼罗河、亚马孙河和刚果河探险；驾驭大象、骆驼、鸵鸟和野马；读完莎士比亚、柏拉图和亚里士多德的著作；谱一首乐曲；拥有一项发明专利；给非洲的孩子筹集 100 万美元捐款；写一本书……总共有 127 项愿望，后来他把这些心愿都写在了自勉书《一生的志愿》里。

其实，这里面的很多心愿，绝大多数人都曾有过，但也不过是有过而已，没有几个人真正尝试实践它，总是在犹豫中观望，对未知的东西存在太多的恐惧。可是，约翰·戈达德不一样，他不愿意让梦想随着时间的流逝被搁浅，对自己想去的地方、想做的事情，他没有半点儿的犹豫，全部按照自己内心所想去规划行动。

44 年过去了，书中的梦想一个接着一个地成为现实。约翰·戈达德实现了 106 个愿望，他也因此成了一位著名的探险家。

从天赋条件上来说，正常人之间的差别很细微，几乎没什么区别，可最终能抵达的高度、做出的成就，却有天壤之别。原因很简单，那些有所成就的人全都像约翰·戈达德一样，没有用想象去吓唬自己，也不会瞻前顾后，想做一件事就果断地去做；一事无成的人总是习惯犹豫徘徊，或是出于对自己的不自信而踌躇不前，或是害怕把事情办砸了被人耻笑，或是出于个性的懒散而更愿意按部就班地混日子，结果蹉跎了人生。

尽管我们强调做事不能盲目冲动，但也忘了凡事有度、过犹不及，理性不是意味着犹犹豫豫、迟疑不决，有时候考虑太久了，等所有的条件成熟了，已经没有去做的必要了。若是马上采取行动，就算结果不如预期中那么理想，但比起犹豫着不去做，依然要好得多。毕竟，不去做永远都没有做好的可能。

机遇是有时间限制的，需要当机立断才能抓住。当年，贝尔跟格雷几乎同时发明了电话，可是贝尔果断地申请了专利，结果他成了大富翁和科学家，而格雷基本上算是默默无闻。机不可失，时不再来。在机遇面前，永远都是进一步海阔天空，退一步则波澜不惊，得有壮士断腕的果断勇气和破釜沉舟的冲天豪气，以及迅疾如虎的执行速度。

一艘意大利商船奥萨利纳号停靠在法属殖民地的一个小岛旁，装卸工们正在着急忙慌地往船上装货，这艘船准备驶向法国。可是突然间，小岛出现了异样的情况，地下不断地发出噪声，地下水就像开锅了一样，还发出一些异味，附近海中的鱼群游向都变了。

船长马里奥敏锐地察觉到，这是岛上火山爆发的前兆。他没有半点儿犹豫，果断决定停止装货，命令船员们赶紧离开这里。对于这个决定，这批货物的发货人不同意，还威胁他们说，现在的货物只装载了一半，他们没有按照合同履行责任，如果船长擅自离开港口，他们肯定会去控告他。无论他说什么，马里奥船长都坚决要停止装货。

发货人看船长那么坚决，开始说软话，说本地的火山没有爆发的危险，可马里奥却坚定地回答："虽然我对当地火山了解不多，但如果维苏威火山① 像这个火山今天早上的样子，我一定要离开那不勒斯。我不能把我的船和船员们置于危险的境地，我现在必须离开这里，我宁肯承担货物未装完的责任，也不要冒着风险在这里装货。"

一天之后，发货人怒气冲冲地去控告马里奥，还带着两个海关官员去逮捕他。结果，就在这个时候，火山爆发了，他们全部在这次灾难中失去了性命。此时的奥萨利纳号和马里奥船长，却安全地行驶在公海上，朝着法国前进。

船长的果断与坚定，保全了自己和全体船员的性命。如果迫于压力，他选择留在港口继续装货，那么船毁人亡的悲剧可能就无法避免了。很多时候，对组织乃至个人来说，果断与否很可能就是生死界限和成败的分水岭。

---

① 维苏威火山是一座活火山，位于意大利南部那不勒斯湾东海岸，是世界最著名的火山之一，被誉为"欧洲最危险的火山"。

　　人生有很多机会，关键时刻只要果断抓住一次，就可以改变命运。在职场的博弈中，也不允许有半点的迟疑和犹豫，只有当机立断，第一时间付诸行动，才能斩获更多。恰如诗人歌德所说："犹豫不决的人永远找不到最好的答案。"

　　高效的执行力需要的是果断的行动，而不是犹犹豫豫的考量。工作的节奏是很快的，犹豫就是在浪费机会，浪费时间。当你在犹豫中徘徊时，成功已经划过你的指尖，再也不会回来了。所以，一旦确定了工作的目标或者某种方案，就不要患得患失、瞻前顾后，要有魄力，说干就干。世上本来就不存在有十足把握的事情，不要因为害怕做不好而束缚住自己的手脚，让机会在我们的优柔寡断中白白失去。

把精力花在有用的事情上

　　时间会有终点，生命会到尽头。如果你总期待自己做事面面俱到，事事优秀，想让人生的每个阶段都在别人的掌声和鲜花中度过，那么很遗憾，这恐怕不是人力可为的。很多时候，真相往往是这样的：你越想把什么都做好，就越是手忙脚乱，最终一事无成。

　　既然精力有限，那么时间就要做好分配，有所选择。什么事情必须做好，什么事情可以做好但是不那么紧急，什么事情紧急但是不那么重要，什么事情可有可无，这些分类看似简单，实际上却需要人为地去判断，去筛选。

　　假如每天只让你做一件事情，可能你会全力以赴，做到最好。假如每天有二十件事让你去做，那么你能做好的可能只有一两件，能做成的大概只有五六件，其余的，要做好就需要你有相当超人的能力了，或者你可以选择直接放弃。

李倩是职场新人，在校时成绩优异，人缘极好，长得又很漂亮，对自己要求极其严格，自己也挺开朗，是公认的快乐女孩。但是初入职场，她总觉得自己心力交瘁，疲惫不堪，而且很小的事情也做不好，有时候，明明事情在计划之内，却还是不能按时完成。她很苦恼，只好不停地加班，即使这样，还是不能把事情都处理好，而且经常会遭到批评，她觉得自己已经不能适应这个社会了。

上司很快发现了她的问题，提醒她说："其实有时候你做了太多无用功。比如早上有几份文件根本就不需要处理，而你不但细致地记录下来，还一一做了详细的回复，那些东西对我们的工作是没有用处的。你把时间浪费在那些没有用的事情上。今天上午，经理交给你的那份报告才是最重要的。你把不重要的事当要事来处理，把重要的事情丢在一边，下班之前不能够完成任务，你肯定又得加班了。"

"但是，那些邮件不需要处理吗？"李倩为自己辩解着，她还是想把所有的事情都做好。学校时期养成的自我要求的性格，促使她不放弃任何事情。

"可以处理啊，等你闲下来的候，你可以给自己一些空白时间来处理未完成的事情。时间是有限的，你应该学会合理地分配时间，把握时间，而不是事无巨细。即使是有足够经验的老员工，他也不能事事都处理得完美无缺。试想一下，假如单位给你一百万去做投资，你愿意把一百万分成许多份，每一份都赚一些小钱，然后积少成多，还是拿一百万做一个大的项目，一次性获取最大的效益？"

"当然是做一个大项目了"。李倩毫不犹豫地回答。

"这就对了，当你把这些钱分成小份的时候，你需要每一项目都有足够的时间来实施并加以管理。那么你投资一个大的项目的时候，你会集中精神专心做这一件事。当你把这一件事情做好的时候，你就是成功的。工作也是如此。事事都要求完美，最后什么也做不好，还不如给自己制订一个详细的计划，找出工作重心在哪里，让自己摆脱完美的牢笼，做最好的自己，这就足够了。"

李倩听后恍然大悟，原来自己的问题在于不懂得合理计划安排时间上。

确实，当一个人不能很好地掌控时间，不能充分地发挥自己的能力，就会让自己陷入一种"忙不完"的状态中，自然也会让自己产生"我很没用"的想法。

"可以支配的时间就是财富本身"，马克思经过许多年的研究得出的结论，值得我们深刻思考。一寸光阴一寸金，寸金难买寸光阴，时间是一种巨大的财富，合理地利用时间就是对财富的合理利用。在合理的时间内，合理地做好适当的事情，花开需结果，这才是聪明人的选择。越是什么都想做好，越是什么也做不好。做得多不代表成功，成功即成为有用之功。

数量不代表质量，满足于"数量"而非"质量"，是个令人担忧的问题。把"数量"堆积起来像小山一样，会得到别人的肯定吗？不会，没有人因为你的这些忙碌而理解你、赞赏你，他们只会看你做成了什么，而不是说你做的过程是怎样的。这是个高效率、高质量飞速发展的时代，忙碌的人并不一定能得到掌声，成功的人必然得到尊敬。

假如你还是什么都想做，假如你还是事事亲力亲为，假如你还是追求完美，那么你会让自己陷入疲惫的状态，越劳累，越无力，越焦虑，越失败，恶性循环，自信心在流失，积极性受到打击，这样你还能做好任何事情吗？

有舍才有得，舍弃一部分不必要的工作，把你手上正在进行的，做到最好，这就是职场成功之道。

尝试那条少有人走的路

亚细亚流传着一则寓言故事：率军征战的亚历山大在占领了小亚细亚的一座城镇后，有人请他观看一辆神话传说中的皇帝的战车，车上有一个用套辕杆的皮带奇形怪状地纠缠起来的结。据说，驾驭这辆战车的皇帝曾经预言，谁能解开这个奇异的"高尔丁死结"，谁就会成为亚细亚之王。

许多人尝试解开这个死结，可最终都失败了。亚历山大见此，兴致顿生，决定一试。他苦思冥想了半天，仍然没有找到解开的办法。这时，他突然挥起手中的刀，一下把结劈成两半，并大声宣布："这就是我自己的解结规则！"后来，人们在敬畏亚历山大的智慧和魄力时，也把"高尔丁死结"作为疑难问题的代名词。

对任何一个职场人来说，在工作中遭遇"高尔丁死结"都是再平常不过的事，比如刚接触一项新工作时，完全不知从哪儿下手，摸索了一段时间后，好不容易掌握了做事的方法与技巧，新的问题又来了。有的问题，完全超出了我们的想象，所有的经验和技巧在它面前都显得苍白无力，整个局面又变得紧张起来，一切就像是回到了最初，又陷入难以解决的困境中，迷茫焦虑，不知所措。

面对这些"高尔丁死结"，怎么办？首先，不管有没有想到办法，不能消极懈怠、自暴自弃；其次，不要固守一种思路，迷信一种方法，摆脱过去的经验，试着去探寻其他的途径，换个地方打井，也许就会得到甘甜的成功之水。

美国有个年轻人本打算到西部淘金，可到了那儿才发现，淘金的人比金子还要多。他刚刚圈定了"地盘"想要大干一场，就被几个凶神恶煞的大汉呵斥走了，说那是他们的领地。换另外一个地方，情况也是一样。

怎么办呢？年轻人倒也没沮丧，也没再换地方淘金，他开始仔细观察周围的环境，发现淘金的人很多，但淘金的地方都很干旱，严重缺乏水源。那些忙着淘金的人大都忍受着饥渴，还有不少人因此而丧命。

淘金的目的是为了赚钱，那何不换一种方式间接地去赚这个钱呢？年轻人突发奇想：在这里淘金的希望很渺茫，但找水的希望还是很大的，与其跟他们去抢夺金子，倒不如卖水赚钱。于是，他放弃了淘金，开始去寻找水源，找到水后拉到淘金地点，再卖给那些淘金的人。

当时，这个年轻人在淘金的地方不挖金子，与那些因淘金一夜暴富的人比起来，确实有点儿"傻"，很多人都笑他，可他一如既往。几个月后，多数淘金者空手而归，而他却在短时间内赚了6000美元，这在当时是一笔相当可观的数额。

还有一位美国收藏家，早期总是收藏那些价值不菲的名品，可过了一段时间后，他的资金就跟不上了，经济上捉襟见肘。如果他想继续收藏那些名品，只能跟银行、高利贷借款，可他不想那么做。于是，他就换了一条路，开始收藏名家的"劣画"。事实证明，他非常有眼光，那些劣画价格便宜，且容易收集，短短一年的时间里，他就收集了三百多幅。

很多人都不理解：他要这些劣画干什么呢？能卖出去吗？

当然。这位收藏家在各大报纸上刊登广告，说他决定要办一场名家劣画大展，目的是让人们更加珍惜名画，更好地辨别名画。这个画展办得非常成功，很多热爱艺术的人闻讯而来，参观他们所仰慕的大师的劣画，还有人不惜重金把画买下来。这位收藏家也因此名声大噪，成了收藏界的知名人士。

很多人一生庸庸碌碌，不是因为缺少能力、耐力和努力，而是缺乏思考。他们每天都在过着固定模式的生活，创造性的思维得不到运用。在规范雷同的思维下，他们很少做出什么令人惊喜的事情来。很多时候，我们不能只认一条路，要学得灵活一点儿，必要的时候可以选择那条少有人走的路。

某公司准备宴请几位大客户，秘书把市内比较有名的餐厅都搜罗了一遍，可经理都不太满意。虽说那些餐厅设施很好，但对于大客户来说，实在没什么新意。经理一直苦思冥想，在回家的路上，他突然看到了一幅广告牌，上面写着：北京，文化之旅。

对呀！可以从文化入手啊！他让助理定了一艘船，从北京展览馆上船，一路走皇家水道至颐和园。船上，一桌西式自助冷餐，外加红酒、甜点、零食。一路上丝竹悠扬，欢声笑语，两岸忽而繁华，忽而静谧。对于那些在商场上疲惫打拼的经理人来说，来北京无数次，却鲜有时间静下心来欣赏一番风景，感受不一样的古都文化。客户们对这次的答谢会都很满意，也体会到了该经理的良苦用心，之后都表示愿意跟他们长期合作。

在多数人极尽奢华之能事时，该经理独辟蹊径地选择了从文化品位突破，可谓别出心裁。这就是所谓的不走寻常路。成功就要做别人不做的事情。当别人对一件事趋之若鹜的时候，就该想想还有没有其他的选择？

瑞典有一位精明的商人，他开设了一家"填空当公司"，专门生产、销售在市场上断档脱销的商品，做独门生意；德国有一家"怪缺商店"，经营的商品在市场上很难买到，如大个手指头的手套、缺一只袖子的上衣、驼背者需要的睡衣，等等。由于是填空当，一段时间内就不会有竞争对手，因而总能有利润。

当所有人都挤破脑袋想走同一条路的时候，另辟蹊径不失为一个好主意。若只懂得沿着别人的路走，即使取得一点进步，也难以超越别人；唯有做别人没有做过的事，创造一条属于自己的路，才有可能把他人甩在你身后。

异想才会天开

现如今，各个领域中的佼佼者们，并不一定都是智力过人的，但他们的成功之处就在于，总会比其他人多想一些问题，多做一些尝试，不局限于常规，不受任何东西的限制。

惠特曼大楼的设计者皮特，在设计出这栋建筑后，被人们指出了一个漏洞：他忘记设计进入大楼的通道。大楼的外面是一个很大的草坪，草坪外面才是马路。如果员工想要进入大楼，就必须得穿过草坪才能进去，可是皮特没有在草坪上修建一条通往大楼的路。直到大楼盖好了，皮特也没有将路设计出来。

人们看到没有路的草坪，纷纷嘲笑皮特太马虎。可笑归笑，该工作还是要工作，每天都有很多人穿过草坪进入大楼。3个月后的一天，人们发现一夜之间草坪被铺上了地砖，出现了两条通往大楼的小路。这样的话，人们就不用每天踩着草坪上班了。这时，人们才突然意识到，不是皮特马虎，而是他知道自己的设计比不过众人的习惯。路是被人走出来的，只有被人踏出来的路，才是最适合、最方便人们进入大楼的路，因为它是经过众人认可的。

所以，当初他顶住了所有人的质疑，坚持等待小路成形后再铺上地砖。结果，这个打破常规的设计获得了巨大的成功，皮特也因为惠特曼大楼的设计成了炙手可热的设计师。

如果皮特在设计大楼时没有打破常规，就按照自己的想法设计一条看起来很美的小路，结果会是什么样？第一种结果是，人们虽然走在小路上，但会抱怨它不方便，浪费时间，因为他们是来工作的，不是出来踏青旅行的；第二种结果就是，过不了多久，草坪上会出现人们为了节约时间而踩踏出来的一条小路，如此会影响全局设计，让美丽的草坪变得难看。恰恰由于皮特敢不按常理出牌，才使得他的设计别具一格，堪称经典。

巴菲特说："我的成功秘诀只在于别人贪婪的时候我恐惧，别人恐惧的时候我贪婪。"成功者的过人之处就在于此，能突破已经定型的习惯、规矩，当别人都说一件事不可能再有结果，或纷纷说"不"的时候，他们总有自己的判断和奇思妙想。

对工作来说，没有规则显然是不行的，但过于因循守旧、墨守成规，不敢有所改变和尝试，也是不行的。在适当的时候，拿出勇气，想别人未想，做别人未做，才有可能取得梦想中的成功。不要害怕失败，人生最大的风险就是不敢冒险，最大的错误就是不敢犯错，与其庸碌无为地埋没潜能，倒不如放下成败试一次看看。

新思维出现，旧问题自动消失

感恩宣言

　　奋斗需要脚踏实地，也需要天马行空。面对种种困难，大家都走的路不通了，就要走走少有人走的路，甚至没人走过的路。换个思维，一切豁然开朗，问题迎刃而解。

请思考：

1.奋斗的状态是什么样的？

_____

2.我是否具备足够开阔的思想去迎接那些不期而至的问题？

_____

第六章

有执行力感恩才有战斗力

最佳的开始时间是现在

说起"二战",许多人都会想起一个名字——小琼斯。当年,就是这位年轻的华盛顿特区邮差将"二战"结束、日本人最后投降的消息送往美国白宫的。但人们并没有想到,琼斯在前往总统府送信时发生的小插曲,无意间耽误了"二战"结束的重要历史时间。

2006年4月,电影《信使》在美国上映,让这一段颇为有趣的历史情节重现在人们眼前。影片导演昆西·皮克林在宣传首映式上说:"在今天看来,这样富有历史意义的情节是不可忽视的。"

那么,琼斯在送信的途中究竟发生了什么呢?

当年的《纽约时报》只是简单描述,他因交通原因耽搁了送信的时间,却并未透露其他细节。为了揭开谜底,影片将整个过程进行了演绎。

1945年8月14日,琼斯在毫不知情的情况下,奉命向白宫送信。在送信途中,他抽出时间约了朋友共进晚餐,甚至还在餐厅跟女招待员调情。晚餐过后,他按照邮递地址驱车前往白宫。抵达后,由于违规掉头,被白宫的警察拦住,耽搁了几个小时。

百转千折后,这封重要的信函总算到达了目的地。当时,杜鲁门总统和幕僚们正在焦急地等待着这一转变战争命运的重要信函。导演皮克林说："琼斯害怕丢掉工作，根本不敢透露自己偷懒的细节。"

2005 年 12 月 31 日，琼斯因病去世。在生命垂危之际，影片导演皮克林特意找到他，进行了一次专访。这时，76 岁的琼斯才把事实的真相道出。他回忆说，当杜鲁门总统接到信后，还问他："年轻人，你带了什么给我？"显然，琼斯并不知道这封信的意义。在看过信后，杜鲁门拍了拍琼斯的头说："这是一个好消息，非常好的消息。"琼斯也因此一夜成名。

尽管这件事已过去多年，但影片将这一情景重现荧屏，依然值得我们深思。做事拖延、习惯偷懒的人，自认为没什么大不了，却不知多少宝贵的时间、重要的机会，都在漫不经心中溜掉了。

生活中常有这样的事发生，有人打电话找你，你却不在，同事转告你，让你抽空给对方回个电话。恰好你手里有其他的事，想着回头再说吧，就把这件事耽搁了。几天后，你突然想起来，又打电话给对方，得知前几天他刚好有一笔生意介绍给你，可一直没等到你，因为着急就给了别人。

工作的事情也是一样。老板交代你一项任务，告诉你最迟月底完成。你接过任务后，心想着还有半个月的时间呢，不必太着急，你很有自信能够在规定时间内完成这项工作。于是，你每天不慌不忙地浏览着网页，搜集点儿相关的资料，和朋友聊聊天，想着在最后几天开始做也一样可以完成，不必太着急。况且，工作是干不完的，这会儿忙着做完了，肯定又会被派新任务，连喘息的机会都没有。

休息得差不多了，你准备开始工作了。没想到，计划赶不上变化，老板突然安排你去参加一个行业研讨会，显然这是老板对自己的信任和器重，提升自己的机会怎能错过？你耽误了一整天的时间，但还是觉得没关系，大不了晚一天再开工。

到了第二天，意外状况又出现了，公司电脑集体中毒，全部需要维修。眼看着时间又少了一天，手里的任务却还刚开始做，无奈之下，你只好跟老板商量多给一天的时间。下班回家后熬夜加班，匆匆撰写出了一个方案。

由于方案写得太仓促，新意明显不够，而客户催得又很急，连修改的时间都没有了。最后，客户对方案非常不满，甚至提出取消合作。讲究原则、做事严谨的老板很生气，原本有才能、有创意的你，面对这样的情形，却不知该如何收场。

任何时候，都不要抱有"再等一会儿""有空再说""明天再做"的想法，该解决的问题、该完成的任务，立刻就去做，一分钟也不要推迟。选择执行后，也当一气呵成，不要中途磨磨蹭蹭、拖拖拉拉，把所有的松懈和懒散的冲动都扼杀在摇篮里，时刻提醒自己：最佳的开始时间是现在，最理想的任务完成日期是昨天。

前些年，我一度陷入繁忙中，每天醒来就扎进工作里，忙得焦头烂额、寝食不安，整个人都快要崩溃了。我意识到再这样下去会出问题，就去请教自己的一位朋友。他是一家公司的负责人，按理说工作量比我要大，但什么时候见他都是神采奕奕的，似乎从未被工作之事困扰过。

来到朋友的办公室时，他正在接电话。听得出来，和他通话的是其下属，他很快就给对方作出了明确的工作指示。刚放下电话，他又迅速签署了一份助理送来的文件。接着，有时电话询问、有时下属请示，而他都即刻给予了答复。

大概过了半小时，终于没有人再来"打扰"，而他也终于能喘口气跟我说话，问我有什么事。我笑了，说："本来是想请教你，如何在精力有限的情况下处理那么多工作的，但现在不用了，我已经知道答案了。你总是当时就把经手的问题解决掉，我是不管遇到什么事，都想等一会儿再说。结果，你的办公桌上空空如也，我的办公桌上一塌糊涂。"

公司的管理者也好，普通的职员也罢，想提升工作效率，就要把该解决的问题即刻处理掉，一分钟也不要拖延。就像琼斯给白宫送信件一样，过程中的每一分钟都很重要，一旦拖延了，就可能将问题复杂化，影响最终的结果。

歌德曾经说过："只有投入，思想才能燃烧。既已开始，完成在即。"不管什么时候，当你感到拖延和懒惰正悄悄地向你逼近，使你缩手缩脚、懒散懈怠时，请放下所有的幻想和借口，在1分钟内让自己行动起来！只有行动，才能战胜拖延与懒惰的恶习！

笃实力行才能让奋斗精神落地

保持求知欲很重要，但更重要的是行动力。因为大胆假设容易，小心求证却很难。

毛姆在他的读书笔记里，讲过一个故事：

东方有一个国王，想成为世界上最英明的君主，就下令让全国的贤士到各国收集智慧箴言，编纂成册供他阅读。

30年后，贤士们带着5000册书回来了。国王忙于国事，没有时间看这么多书，要求贤士们再精选。15年后，贤士们带着500册书回来了。

国王还是觉得书太多，看不过来，贤士们走了。又过了10年，他们带来的书只有50册，国王却已经老得连读50册的精力也没有了。他命令贤士们再一次甄选，要在一本书里为他提供人类智慧的精华。5年之后，满头白发的贤士带着这本书回来了，此时的国王已经奄奄一息，连一本书也来不及读了。

故事的最后，毛姆说：没有一本一劳永逸的书，没有终极智慧在等你。

仔细想想，就算国王找到了那本代表终极智慧的书，也有大把的时间去读这本书，难道他就能够获得终极的智慧吗？不能。只是单纯通过读书，根本无法实现，终归还是要在行动中去领悟书籍中的智慧。所以，行动力也是科学精神的一个组成，只有理论的精神，算不得卓越的精神，只有真正行动起来，才能让精神落地。

生活诸事，莫不如此。今天的疑问，可能会在将来得到解答，它的答案可能不是在书里得到的，而是通过与某人的接触，或是某个机缘巧合中的灵光一闪，突然领悟。无论怎么说，想实现一个想法，都必须要让自己行动起来。

生长在西藏的青稞，不仅绿色安全无污染，且营养价值非常丰富。一位叫江红的企业家，得知了青稞的种种好处后，就开始思考：为什么不把青稞卖到外地去呢？

要知道，这并不是一件容易的事，因为很多外地人并不喜欢吃青稞。为此，江红就想：能不能先把青稞做成大众比较容易接受的食物，再进行销售呢？

江红的第一个想法，就是把青稞做成麦片，可她不知道青稞是不是可以做成麦片，只能试一试再说。于是，江红联系到了一家生产麦片的企业，希望对方可以帮自己试着生产一些青稞麦片。费了好大一番力气，对方总算答应了，同意先用 20 吨青稞做个试验。

20 吨青稞，听起来不少，但在食品工业化的车间里，也就是机器转几圈的事儿。没想到，转这几圈转出事来了！对方告诉江红，青稞与麦子的密度、硬度、湿度都不一样，想要用青稞做麦片，得重新调试机器，再把机器清洗一遍，以防和之前的大麦麦片相互混淆。总而言之，就是准备工作十分复杂。

如果仅是准备工作复杂的话，其实还算不了什么。真正的难处在于，青稞的硬度太高了，平时运转平稳的设备，转起来后突然剧烈地震动起来，带着楼板都跟着震。最后，千言万语汇成一句话：用青稞做麦片，实在是无能为力！

青稞如此地倔强，不肯屈服于机器的力量；江红也同样倔强，虽然第一个计划失败了，可她并不愿就此罢手，又开始努力寻找新出路。既然做不成麦片，能不能把青稞面做成面条呢？据考证，到今天，面条在中国已有四千多年的制作食用历史：武汉的热干面、内蒙古的焖面、山西的刀削面、北京的炸酱面、兰州拉面、重庆的重庆小面、上海的阳春面、东北的冷面……每一种面条都深受各地人们的喜爱。如果把青稞做成面条，不正好符合人们的饮食习惯吗？

想法是挺好的，可就当时的情况来说，这也是难以实现的。青稞本身属于粗粮，做成面粉之后，黏性不足、劲道不够，直接用青稞面做面条，一下锅就都散了，变成了一锅青稞面糊，怎么吃呢？

在一次机缘巧合之下，江红认识了国内著名的酵素专家，她把自己想要做青稞面的想法跟这位专家讲了之后，专家也很感兴趣，并对她说：

"或许，可以通过添加酵素的方式，增加青稞面的黏性。只要黏性增加了，青稞面就可以做成面条了。"

这番话犹如黑暗中的一缕阳光，给了江红无限的希望。从那天开始，她就和专家一起投入了制作青稞面条的研究工作。方法是有了，但成功不是一朝一夕的事。由于酵素对发酵时间、温度、湿度的要求非常严格，青稞又与一般的农作物有很大的不同，她们总是找不到合适的菌种和适宜的环境，要么是难以发酵，要么是发酵之后口感太酸，想获得完美的结果，实属不易。

江红没有气馁，她坚信这条路是走得通的。所以，她一直在坚持实验。皇天不负有心人，四年之后，她们终于找到了通过酵素制作青稞面条的诀窍。江红还发现，利用酵素技术做成的青稞面条，不仅口感好，且对肠胃有一定的保护作用，还不容易变质。

江红的青稞面条上市之后，很快就赢得了消费者们的喜爱。就这样，江红成为青稞面第一人，她的事业也走上了康庄大道。

江红是第一个将"做青稞面"的想法付诸实践的人，她遇到了一个又一个困难，且都没有经验可循。在这样的情况下，她最后依然成功了。这份成功得益于两点：一是无论遇到什么样的困难，她始终都没有逃避，而是以实际行动去面对；二是她坚持以科学思维为指导，用合理的方法去解决困难。

实践是检验真理的唯一标准。要知道一个理论究竟是否科学、是否切实可行，必须要在"执行"环节中去验证、去鉴别。科学的精神要求我们，必须尊重实践并积极参与实践，以实践作为科学认识的来源、动力、标准和最终目的。

　　所谓的小心求证，指的不是畏惧不前，而是指要在大胆的假设和积极的行动中，通过不断的尝试来求证自己的判断是否正确。如果没有行动力，就没有求证的机会，自然也就谈不上小心求证了。

　　不是只有伟大的科学家才能去追求真理、发现真理、用实践去检验真理，每一个像江红一样的普通人，只要善于发现和思考，在困难面前矢志不渝，坚持科学的方法，也可以追求真理，实现自己的人生目标。许多定理、定律、学说的发现者、创立者，都是从细小的司空见惯的现象中看出问题、不断发问、不断解决疑问、追根求源，最后才把"问号"拉直变成"叹号"的，他们能做到的，你我一样也可以。

弯腰才能捡起幸福

　　两年前的一天，我到朋友郊区的家做客。那是一个郊区的小院，院外有个菜园，由于朋友长期在市里，菜园已荒废很久。当时正值暑期，朋友让儿子着手整理菜园，只见那个十八九岁的男孩子，一会儿拔草，一会儿清理石头，一会儿找锄头松土，没干5分钟又坐在地上发呆休息。

　　我和朋友在院里坐了整整一个下午，大概有四个钟头。这时，外面的菜园依旧杂乱无序，一块干净平整的地也没清理出来，朋友的儿子却已经累得不行，身上的衣服全是土……眼见已近晚饭时间，整理菜园的活儿只好暂停，男孩急忙洗澡换衣服，打开电视看当天的新闻。

　　当天的第一则新闻，是国内某知名企业家参加推广就业活动，他鼓励所有的失业者都要"挽起袖子，弯下腰来"。看到这里，朋友跟儿子说道："知道为什么你整理了一下午的菜园，没见到大的成效，还弄脏了衣服、身心俱疲吗？就像电视里说的，你一直没有'挽起袖子，弯下腰来'。"

说着，朋友就讲起了他年少时的一些事："小时候到果园干活，先得换上旧衣服，准备好所有的工具；到了果园，每个人都会分到明确的任务，大人还会给你示范怎么做，然后让我们这些偶然才会下地干活的孩子动手。中午休息时候，大人们还会不停感叹：毕竟是孩子，干活就跟玩儿一样。听到这样的话，我还不以为然，心里嘀咕着：我已经很认真了，手都磨破皮了。

"你现在偶然整理一下菜园，和我当年到果园干活，其实是一样的，都只是调剂身心，都只是'好玩'。虽然你也感觉累得不行，但离真正的辛苦投入——'挽起袖子，弯下腰来'还差得远呢！所以，4个小时的投入没做出什么成果，也是必然的。这次的园艺劳动，就当是一次娱乐吧！"

从这件事延伸，朋友跟我又谈到了现代职场中的一些事。他自己也经营着一家小型的公司，感慨许多年轻的员工总是心不在焉，一方面想要拿高薪，一方面又不肯"挽起袖子，弯下腰来"，恨不得刚一入职就想坐到部门经理的位子。说到这里，朋友不禁摇头笑道："世上哪儿有这么好的事呀？"

的确如此，现代企业太缺乏务实型的人才了！

一个做文案的女孩跟我说，为了赶进度，她都一个月没去过电影院了；一个内刊编辑说写稿太辛苦，一周1万字，经常几天几夜睡不好；一个业务员倒苦水，说为了业绩，他连续几日每天都拜访3家客户，脚都磨出泡了……

坦白说，听到这些话，我没有告诉他们：我年轻的时候，有好几年没看过电影；我做业务时，每天拜访 5 家以上的客户是家常便饭；就是现在，我依然保持着每天写两三千字的习惯……如果我这样说了，他们会反驳："此一时，彼一时，现在环境不一样了。"

我想说的是，无论什么时候，"挽起袖子，弯下腰来"的工作态度都是必须的，专业、务实、全力以赴的工作精神都是必不可少的。对员工来说，想成就一番事业，必须求真务实，而国内外许多优秀的企业也是以务实作为评估人才的一项重要标准。

英特尔中国软件实验室总经理王文汉先生说过，英特尔公司在考虑员工晋升时，从不把学历当作唯一标准，学历只是一块敲门砖，更重要的是员工进入企业后的能力表现。有的研究生不够务实，他的工资待遇就会降下来；有的本科生很努力地做出了成绩，他很快就能被晋升。

在英特尔中国软件实验室里，有一位软件工程师连本科学历都没有，他能够进入英特尔，完全是靠着自己出色的设计能力。最初，他只是一名普通的程序员，但在入职后不久，王文汉就发现，这个程序员并不普通，他能够高效、高质地完成相关的程序设计工作，还主动学习研发知识，利用休息时间学习了英特尔内部及各大院校举办的软件开发课程。

一年以后，当英特尔中国软件实验室需要引进高水平的软件工程师时，业绩扎实、技能突出的他顺利成为选拔对象，而有些比他先进入公司、学历更高的程序员，却依然停留在原来的位置上，继续消耗着自己的青春。

同样是一位颇具才华的男生，毕业后分配到报社工作。他以为自己一定会分在新闻部，做个编辑记者什么的，可没想到最后被分派到总编室，这让他大失所望。他抱怨这样的安排不妥当，抱怨领导不识人才。实际上，领导并非不了解他，而是想重用他，让他了解报纸运作的过程。结果可想而知，他不负责任、不用心的做事态度，直接打消了领导培养他的念头。

成功所需要的一切条件，都是靠务实努力实现的：专业领域的知识，需要你扎扎实实地学习来获得；老板的肯定与同事的支持，需要你用诚信的品质和真实的能力来赢取；处理问题的经验，要靠一次又一次突破困境来积累；转瞬即逝的机会，要靠脚踏实地的艰苦付出来把握。成功的路是一步一个脚印走出来的，只有求真务实的奋斗，沉下心去努力，才能在将来的某一天与成功相遇。

不要让时间偷走了理想

年底的朋友聚会，大家总少不了要谈谈年初制订的梦想计划的完成情况。结合这么多年的经验，我总结出了一个规律：成功实现梦想的人总是相似的，不成功的人则各有各的理由。

在机关工作的 T，业余时间挺多的，她给自己定的目标是一年读完30 本书。到了年底，掐指一算连 10 本也没读完；跑业务的老赵，总说想到云南玩一圈，这个愿望说了有两年了，可至今还没有动身，一提起来就是腾不出时间；还有一直想转行学设计的 S，每年都把这件事列在计划清单里，却一直没付诸实践。

这样的情形，你是否也曾经历过，或者，此时此刻的你正在经历？

是的，我们总在用这样的句式安慰自己："等将来……""等不忙……""等下次……""等有钱了……""等有条件……""等有时间……"结果呢？越等越久，一晃就是五年十年，甚至一辈子。世间大多数庸碌无为的人，不是没有能力实现梦想，也不是没有条件超越自己，而是因为无休止地拖延！

拖延有两种，一种显性拖延，逃避自己不想做的事；而另一种是隐性拖延，对做一件事缺乏足够的信心。比如，你本来需要写一份报告、做一份报表，但有朋友推荐给你一个购物网站，你就把写报告、做报表的事拖到了明天，这就是显性拖延。再如，你想学习编剧，却迟迟找借口不去做，是因为内心充满着疑问：我具备做编剧的能力吗？如果失败了怎么办？这就是典型的隐性拖延，还没开始做就考虑到失败，而不是成功。

曾有朋友问富兰克林："您如何能做那么多的事呢？您的时间并不比别人多。"

富兰克林拿着一份作息时间表，说道："看看这个你就知道了。"

他的作息时间表上到底写了什么呢？

早上5点起床，规划一天的事务，自问："我这一天要做什么事？"

上午8点至11点，下午2点至5点，工作。

中午12点至1点，阅读、吃午饭。

晚上6点至9点，晚饭、谈话、娱乐、考察一天的工作，自问："我今天做了什么事？"

朋友带着疑惑问富兰克林："天天如此，是不是过于……"

"你热爱生命吗？"富兰克林摆摆手，打断了朋友的谈话继续说，"那么，别浪费时间，因为时间是组成生命的材料。"

说得多好！时间是组成生命的材料。许多不满现状的人总在埋怨命运，却从未反思过自己把时间用在了什么地方。在一天24小时里，每个人都可以选择去做什么，用什么样的态度去做。当你仰望着比自己更优秀的人时，你应当想象到他为了梦想奋斗的样子；当你羡慕着比自己事业更成功的人时，你应当想象到他当初敢想敢做的勇气。

优秀与成功，不是一种行为，而是一种习惯。这种习惯源自平日里对待大事小事的态度，你是想好了立刻就去做，还是一直停留在等待中。选择做，你与优秀的差距就会日渐缩小；选择等待，你与成功的距离就会越来越远。

中专毕业后，他去了深圳打工。不到半年的时间，他就靠着自己的勤奋与能力，坐到了管理层的位置，月薪5000元。那年，他不足20岁。但他并不满足，为了心中的大学梦，他放弃了优越的工作条件，回家补习功课，准备当年的高考。

由于他没读过高中，没有一所中学愿意收他，所有人都认为他考不上大学，只会影响学校的升学率。几经周折，终于找到了一所收他的学校。第一次月考，他是班里倒数第二。他不气馁，第二次月考，一跃成了全班第一。待一个学期过后，他成为当地15年来第一个考入清华大学的学生。

大学毕业后，他到一家报社做财经记者。四个月后，他成为报社里最出色的记者之一。那天，看到一位30多岁的同事埋头苦干的样子，他忽然在想："十年后的我，是不是也会如此？这是我想要的东西吗？"不，这与他的梦想相差甚远。

经过几个月的准备后，他撰写了一份商业计划书。可是，光有创意没用，还得有资金，怎么办？他还是主动出击，寻找风险投资公司。

那天，他听说雅虎的创始人杨致远要来，兴奋至极，决定第二天去"堵"对方，不管成不成功，都要试试。凭借记者的身份，他很容易进了会场，但是人太多了，他根本找不到与杨致远单独交谈的机会。直到散会，看到杨致远进了电梯，才健步如飞地冲了进去，按下了电梯的关门按钮。杨致远猝不及防，大声说道："我的同事还没进来呢！"

此时，电梯门已经关上了。他拿出商业计划书，杨致远这才恍然大悟，接过计划书看了看，然后给了他一张名片，说："我回去看看再答复你。"

他满怀憧憬地回去等消息，可几个月过去了，依然没有回信。梦想的大门没有打开，可他并未放弃。在一次科技博览会上，他遇到了一位民营企业家，因其名气不大，无人对其提问，一个人在台上坐着冷板凳，样子颇为尴尬。他觉得应当帮帮对方，就一连向对方提了几个问题，替他解了围。

散会后，企业家心怀感激，主动找他聊天。这时，他向对方谈起了自己的商业计划书，没想到，对方当即决定给他投资1000万。不过，事情没这么顺利，公司的董事会认为这个项目风险太大，不愿冒险。但企业家很看重他，决定独自投资100万给他作为启动资金。

一个普通的男孩子，就这样给梦想插上了翅膀。后来，他创立了MySee直播网，25岁时就已经身价过亿，他的名字叫高燃。提及自己的成功，他说："我有一个大胆的梦想，哪怕明知'不可为'，我也会用全部的精力去追求，至少不能给人生留下遗憾。"

回想一下你的人生，是不是曾有过很多的想法，却都因为懒惰、害怕失败而没有去尝试，最后安慰自己说："我没有时间"、"时机还不成熟"、"条件不允许"……甩掉这些借口吧！有梦想就去追寻，有创意就去实践，这几乎是每一个成功者的信念。你与成功者之间的距离，不在于出身和学历，而在于行动。当你能从拖延中抢回更多的时间，让你的工作完成得更出色，让你的梦想更接近现实，那你就已经走在通往成功的康庄大道上了。

虚怀若谷，达者为师

杨某大学毕业后没有留在竞争激烈的大城市，而是回到了自己的家乡，一座二线的小城市。很快，他就顺利地找到了一份工作。入职后不久，他发现公司里的同事普遍学历都不高，作为毫无经验的新人，他多少找到了一丝安慰，悬着的心也彻底放下了。他觉着，凭借自己的专业知识做这样的工作足以胜任。

有了这样的想法，杨某对工作和同事的态度发生了转变。自视甚高的他，表面上说要向各位前辈学习，可心里却一直认为自己知识新、思维新，对老员工的指导不屑一顾。他总想着凭借自己的能力单独解决问题，或是对别人指手画脚。结果，没出半年，同事对他的印象大打折扣，说他总摆着高姿态、目中无人。慢慢地，这些话也传到了领导耳中，结合杨某在工作中的表现，领导也觉得他不够沉稳，借助一次谈话的机会，领导建议杨某到大城市、大公司去闯荡磨炼一番，说年轻人不该"窝"在小地方。其实，言外之意就是在说"我们的庙小，装不下你这样的大菩萨"，将杨某辞退了。

一个成熟的企业看重的是结果，谁能够做出成绩，谁就是最值得重用的人才。从这一点上来说，学历背景、从业经历并不是很重要。以杨某来说，老板对你寄予的期望很高，但你的工作表现并未达到他的预期，可想而知心理落差有多大。你只是新人，经验不足，却处处轻视那些只在学历上不如自己的前辈们。事实上呢？如果静下心来去比较，未必不会发现同事身上有值得自己学习的地方。

杨某是自视甚高，看不到自己的不足，对向别人学习不屑一顾。还有一种人恰恰相反，明知道自己有不足，却为了所谓的"面子"不敢承认，非要不懂装懂。

女生小张原是某高校文秘专业的高材生，形象好、气质佳，性格也很随和。参加工作后，单位里的同事都很喜欢她，她与大家相处得也不错。在工作方面，领导有意让小张尝试接触更多的事情，在每次安排任务时都会好心询问："这个你会做吗？"对此，她总是说"会"，可最终的结果却总是让领导失望。

有一次，领导让小张撰写一份通告，结果她写出来的格式完全不对，也没抓住重点。领导告诉她，如果对文书的写作把握不好，可以去问问人事经理，她以前负责过这方面的工作。之后，领导又让她写过邀请函、通知等文书，可每次交上来的东西都跟要求相差很多。

私底下，领导跟人事部的主管说："我告诉过她，如果不会可以问你，你肯定会指导她。总是这样不懂装懂，不仅耽误工作，自己也不会有进步。"最后，小张被公司从秘书的岗位调到了前台。

每个人都不是万能的，总会有擅长和不擅长的东西，这是再正常不过的事。遇到不懂的事情，不会使用的仪器设备，大可向周围人求教，无须遮遮掩掩，更用不着不懂装懂。要知道，有些不足是掩盖不了的，比如语言表达能力、分析解决问题的能力，也许在短期内你能够掩盖某些缺陷，但若不下意识地去培养和提高，总有一天会被人看穿。

职场不怕你不会，就怕你不学。能力是可以锻炼出来的，只要你肯放下姿态，虚心请教，总会有人对你伸出援手。这没什么不好意思的，也谈不上有损面子。回想一下：从我们呱呱坠地到长大成人，几乎所有的事情都是靠学习和模仿得来的，不是吗？

人当有"归零心态"。无论你是新人，还是有丰富的工作经验，进入新的行业、新的领域，就要有从零做起的心态，放下架子，保持谦逊的态度，充分尊重同事的意见，无论对方年龄大小，只要比自己更懂行业知识，就当予以尊重。只有这样，才能够把自己变成一块吸水的海绵，不断吸收有价值的东西，全面地提升自己。

对于自身的不足，发现了就要承认，不要担心被人看不起或遭受批评，那样做等于放弃和拒绝进步的机会。虚荣是最要不得的东西，你要知道，所有的领导者都是阅人无数的过来人，他们不会太在乎你的毕业院校多知名，也不会太在意你名片上印的头衔，他们要的永远是真才实学。与其用各种耀眼的头衔标榜自己，却因为工作低能而招致怀疑的目光，还不如用虚心学习来赢得肯定。

给梦想一个期限

俗话说："人无远虑，必有近忧。"成功的职业生涯，往往从制定合理的目标开始。合理的目标往往会使工作更有目的性、计划性，并达到事半功倍的效果。

哈佛大学有一个非常著名的关于目标对人生影响的跟踪调查。调查的对象是一群智力、学历、环境等条件都差不多的大学毕业生，结果是这样的：

27% 的人，没有目标；

60% 的人，目标模糊；

10% 的人，有清晰但比较短期的目标；

3% 的人，有清晰而长远的目标。

此后的 25 年，他们开始了自己的职业生涯。

25 年后，哈佛再次对这群学生进行了跟踪调查，结果是这样的：

3% 的人，25 年间他们朝着一个方向不懈努力，几乎都成为社会各界的成功人士，其中不乏行业领袖、社会精英；

10% 的人，他们的短期目标不断地实现，成为各个领域中的专业人士，大都生活在社会的中上层；

60% 的人，他们安稳地生活与工作，但都没有什么特别的成绩，几乎都生活在社会的中下层；

剩下 27% 的人，他们的生活没有目标，过得很不如意，并且常常抱怨他人、抱怨社会、抱怨这个"不肯给他们机会"的世界。

其实，他们之间的差别仅仅在于：25 年前，他们中的一些人知道自己到底要什么，而另一些人则不清楚或不很清楚。

心理学家发现，当人们的行动有了明确目标，并能把自己的行动与目标不断地加以对照，进而清楚地知道自己的行进速度与目标之间的距离，人们行动的动机就会得到维持和加强，就会自觉地克服一切困难，努力达到目标。

确实，要达到目标，就要像上楼梯一样，一步一个台阶，把大目标分解为多个易于达到的小目标，脚踏实地向前迈进。每前进一步，达到一个小目标，就会体验到"成功的喜悦"，这种"感觉"将推动你充分调动自己的潜能去达到下一个目标。

GKN公司的转型——眼光放远，行动果敢

19世纪末，始创于工业革命时期的英国GKN公司已经发展成为世界最大的钢铁企业之一。但是，随着钢铁工业的国有化，GKN公司失去了其主要支柱产业，只剩下一个空壳。

GKN何去何从？围绕着GKN的前途问题，公司的高层管理人员争论不休，时任GKN公司会计师的霍尔兹沃恩有幸参与了这场争论。在经过缜密的调查后，霍尔兹沃恩谨慎地向GKN公司董事会呈交了一份有关公司发展前途的战略报告。

在报告的结论中，霍尔兹沃恩提出：GKN公司将无法在钢铁行业继续生存，因此，公司应立即转型，开发新产品。但是，GKN公司刚刚创建了一家年产600万吨钢管的钢管厂，如果采纳霍尔兹沃恩的建议，钢管厂将被关闭，所有投资都将化为乌有；再者，霍尔兹沃恩只不过是一名微不足道的会计师，其建议的分量难以让人信服。在权衡利弊之后，GKN公司的决策层放弃了霍尔兹沃恩的建议，仍按既定方针推进钢管厂的生产。

然而，历史是严酷的，仅仅过了两年，GKN公司的钢管厂就陷入困境，最后不得不停产。董事会的董事们在焦头烂额之际才想起了霍尔兹沃恩，于是破格把他提升为公司的副总裁兼常务经理。

　　霍尔兹沃恩上任后就立即着手开辟新领域。他买下比尔菲尔德公司，将该公司生产的一种新型产品投入欧洲和北美市场；又开发出一种廉价的运输机，使产品畅销全世界。GKN公司顿时面貌全新。不久，霍尔兹沃恩又研制出新型战斗机"勇士"号，一举占领了英国军用机生产市场，为GKN公司带来了巨大的利润。

　　1980年，霍尔兹沃恩因业绩非凡而被公司任命为董事长。这时，英国的钢铁工业陷入了一团糟的窘境，GKN公司也因此受到冲击，面临新的严峻考验。

　　在新形势之下，霍尔兹沃恩的同行们都认为这是工人罢工造成的，但霍尔兹沃恩全面调查研究后提出了一个完全不同的观点：这是英国工业衰退的先兆，更大的衰退即将来临。

　　明确了发展形势，霍尔兹沃恩便果断地采取措施，调整公司的产业结构。他先后卖掉了公司在澳大利亚的钢铁业股权和在英国的传统机械公司，同时在法国、美国和英国本土创办了五家新公司。

　　对霍尔兹沃恩的这些大胆举措，许多目光短浅的董事提出了异议。但是，霍尔兹沃恩不为所动，坚持"我行我素"。不久，英国工业的全面衰退果然来临，GKN公司因早有准备，使损失降到了最低，而其他公司则纷纷倒闭。人们无不为霍尔兹沃恩的高瞻远瞩和果断举措而赞叹。

　　在现代工业社会，企业特别是那些大企业要谋求生存、发展，首先要有高瞻远瞩的眼光，要有果敢的行动魄力，要随着经济形势的发展及时调整对策，才能不被时代淘汰。所谓谋略，实际上就是长远的目光，就是比别人看得远，能够未雨绸缪，并做出预测，提出发展的构想。当然，谋略也有优劣之分，判断的主要标准就是看谋略者的眼界是否开阔，思维境界是否高远。只有站得高看得远的人才能把握企业命运的脉络，确保企业生存和发展的动力不衰，成为商战中的胜利者。所以古人云："不谋万世者，不足谋一时；不谋全局者，不足谋一域。"

对个人来说，要想取得成功则要制定有效的目标原则。

制定有效目标的 SMART 原则

S 就是 Specific，即具体的；

M 就是 Measurable，即可量化的；

A 就是 Attainable，即可行的；

R 就是 Relevant，即相关的；

T 就是 Time-based，即有时限的。

Specific（具体）

首先，设定目标一定要具体化。只有具体化了，才具有可操作性，才容易控制。

所谓具体，就是目标要明确，要能够用语言清楚地说明要达到的行为标准，不能够笼统，不能够模棱两可，不能有争议性。

比如说，"我想当公务员"，这算不算一个好目标？公务员的范围很广，有不同技术领域的，不同职务的公务员。你想要当的是哪方面的公务员？这个目标描述得不很明确。再比如，我想把我的孩子培养成为一个成功的人，这个成功就不是具体的。

Measurable（可量化）

其次，目标应该是可衡量的，即目标应该是可量化的。

所谓量化，应该有一组明确的数据，作为是否达成目标的依据。如果制定的目标没有办法衡量，就无法判断这个目标是否能实现。

我想成为一个快乐富有的人，这是不是一个好目标？什么才算是快乐，什么才算是富有？是精神上的富有，还是金钱上的富有？有多少钱算富有？一百万，一千万？快乐和富有并不是可量化的，没有可量化的指标，就算不上一个好目标。

所以，目标的衡量标准遵循"能量化的量化，不能量化的质化"的原则。制定人与考核人有一个统一的、标准的、清晰的、可度量的标尺，杜绝在目标设置中使用概念模糊、无法衡量的描述。

Attainable（可行性）

目标应该是具有可行性的。既然是目标，就一定是我们希望能够完成的，希望达到的。制定的目标可以有挑战性，有一定的难度，但决不能达不到。

应该这样理解达不到：根据自己目前的现实条件达不到，在短期内达不到。比如教育孩子，要充分了解孩子的实际情况，不要乐观地估计孩子的智力，制订过高的教育计划，导致孩子花了更多的精力也达不到，压力过多而扭曲了性格；也不要低估了孩子的可塑性，制定的目标没有挑战性，导致孩子松懈，不认真对待。

Relevant（相关性）

目标之间应该是具有相关性的。相关性指的是部门的目标应该与公司的目标一致，个人的工作目标应该与团队的目标一致。

比如学生在制订学习计划时，如果与学校的培养计划相关，与自己学习课程结合，这是最理想的。

Time-based（时间限制）

目标必须是有时间限制的。任何一个目标，都有一定的时间限制，以便于衡量和考核。"我要完成百万订单",什么时候完成?一年?两年?如果没有时间限制,则这个目标就不是好目标。

工作中多想几步

爱默生说,细节在于观察,成功在于积累。仔细观察工作生活中的微小事物,并对其进行理性思考,就是事业及人生的成功秘诀。

李冰修建都江堰

古代蜀地非涝即旱,有"泽国"之称,蜀地人民世世代代同洪水做斗争。秦惠文王九年(公元前316年),秦国吞并蜀国。为了将蜀地建成其重要基地,秦国决定彻底治理岷江水患,秦昭王派精通治水的李冰担任蜀地太守。

李冰到蜀地后,亲眼看到当地灾情的严重:发源于成都平原北部岷山的岷江,两岸山高谷深,水流湍急;到灌县附近,进入一马平川,水势浩大,往往冲决堤岸,泛滥成灾;从上游挟带来的大量泥沙也容易淤积在这里,抬高河床,加剧水患;特别是在灌县城西南面,有一座玉垒山,阻碍江水东流,每年夏秋洪水季节,常造成东旱西涝。李冰到任不久,便开始着手进行大规模的治水工作。

治水首先需要筑堰,可是筑堰的方法实验了多次,都失败了。有一天,李冰到山溪里查看地势,发现有一些竹篓,里面放着要洗的衣服。李冰大受启发,他让人编好大竹篓,装进石块,再把竹篓连起来,一层一层放到江中,在江中堆起了一道大堰,两侧再用大石加固,笼石层层累筑,既可免除堤埂断裂，又可利用石块间空隙减少洪水的直接压力，从而降低堤堰崩溃的危险，一道牢固的分水堰终于筑成了。

这就是著名的水利工程"都江堰"。机遇只偏爱有准备的头脑，李冰正是因处处留心才建成了都江堰。几千年来，该工程为成都成为"天府之国"奠定坚实的基础，李冰父子也永远被后人铭记。

善于观察的法布尔

法国昆虫学家法布尔有一次在森林中得到了一个很大的蛹，带回住处不久，蛹孵化出了一头雌蛾。当天夜里，雄蛾们就从很远的森林里飞来，往窗玻璃上撞。法布尔想，雄蛾从几千米外的森林里飞来，一定是受到雌蛾的某种信息。他很想知道雌蛾是用什么办法传递自己的信息，雄蛾又是怎么找到雌蛾的。

于是，法布尔开始了多角度的观察。他先用纸把雌蛾挡了起来，雄蛾虽然看不到雌蛾，但还是很快找到了它。这说明雄蛾不是靠眼睛发现雌蛾的。

接着，法布尔又把雌蛾用玻璃罩罩起来，雄蛾看得见雌蛾，但是闻不到雌蛾的气味。结果，雄蛾很茫然，不知道雌蛾在哪里。

法布尔又用一些干净的棉花在雌蛾身上擦了一下，雄蛾们马上会聚到棉花上，好像棉花就是雌蛾一样。

通过这些观察，法布尔得出结论，雄蛾是靠雌蛾身体发出的气味而找到雌蛾。这种气味就是昆虫的性信息。

现在，科学家已经能合成一些雌性昆虫的性信息素，利用这种信息素，可以诱杀雄虫；也可以用信息素"冒充"雌虫，使雄虫不再去找真正的雌虫，从而起到减少虫害的效果。但是，由昆虫信息素引发的这一系列用途，归根到底，源于法布尔不同于常人的敏锐观察。

无论是李冰修都江堰，还是法布尔观察昆虫，都是因关注身边的小事、留心周围的细节而成功的。但仅仅观察是不够的，还需要将观察到的东西进行思考、总结，上升为理论成果或应用到实践中去，这就需要在工作中多想几步。

爱若和布若差不多同时受雇于一家超级市场，开始时大家都一样，从最底层干起。可不久爱若受到总经理的青睐，一再被提升，从领班直到部门经理。布若却像被人遗忘了一般，还在原地踏步。终于有一天布若忍无可忍，向总经理提出辞呈，并痛斥总经理用人不公平。总经理耐心地听着，他了解这个小伙子，工作肯吃苦，但似乎缺少了点什么，缺什么呢？

"布若先生，"总经理忽然有了个主意，"请您马上到集市上去，看看今天有什么卖的。"布若很快从集市回来说，刚才集市上只有一个农夫拉了一车土豆卖。"一车大约有多少袋？"总经理问。布若又跑去，回来说有10袋。"价格多少？"布若再次跑到集市上。总经理望着跑得气喘吁吁的布若说："请休息一会吧，你看看爱若是怎么做的。"

说完总经理叫来爱若，并对他说："爱若先生，请你马上到集市上去，看看今天有什么卖的。"爱若很快从集市回来了，汇报说到现在为止只有一个农夫在卖土豆，有10袋，价格适中，质量很好，他带回几个让总经理看。这个农夫过一会儿还将弄几筐西红柿，据他了解价格还算公道，可以进一些货。这种价格的西红柿总经理可能会感兴趣，所以他不仅带

回了几个西红柿样品，而且还把那个农夫也带来了，他现在正在外面等
回话呢。

旁边静听的布若涨红了脸。

人与人的差距，更多体现在思想方法上，虽然初始时就那么一点点，
但日积月累就越拉越大，所以发现差距及时总结，方能迎头赶上。

人要善于观察、学习、思考和总结，仅仅靠一味地苦干，埋头拉车
而不抬头看路，结果常常是原地踏步，明天仍旧重复昨天和今天的故事。

成功需要很高的悟性与洞察力，面对差距和挑战，及时调整心态，
增强自己的独立思考、多谋善断、随机应变的能力。

成功路上没有朝九晚五

前段时间，一位做外贸生意的朋友跟我发牢骚，说公司新招来两个
应届生，还没容得自己松口气，负责数据管理岗位的那个应届生就提出
了辞职。问及原因，说自己在两年内准备出国留学，希望每天可以按时
上下班复习功课。现在的这个岗位，每天要对银行转账的结果进行分析
汇总，给出当日收费的情况报表，每天都不能正常下班。

说到这里，朋友很是郁闷："你有出国留学的打算，有准时上下班的
硬性需求，那你应该在面试的时候就提出来。现在，我录用了你，放弃
了其他的面试者，现在再想找回那些人，基本上不太可能了。要是当初
你直截了当提出来，我知道这个岗位不适合你，那也就没必要浪费大家
的时间和机会了。"

　　我非常理解朋友的心情。倘若这个员工负责的是一些工作时间固定的岗位，如综合行政岗，负责管理资料、贴发票报销，或者是购置办公用品、帮员工订工作餐等，那么只要你把这些事做好了，正点上下班没什么问题。不过，如果公司有升职加薪的机会时，这样的员工肯定不是首选，因为还有一些人，他们对工作有着额外的付出和超出薪酬价值的贡献。

　　可能有人会说："正点上下班就没有价值了吗？"只能说，按部就班地、按照要求完成工作，你的价值已经在薪酬中回报给你了。那些乐意承担更多责任、富有创造力、全身心投入到工作中，并为此付出了不少个人时间的员工，他们不该得到晋级加薪和更多的成长机会吗？

　　尽管工作时间的长短不是衡量工作表现的唯一指标，但如果你不在工作上投入时间，那么你只能做一个平庸的职员，甚至随时可能遭到淘汰。每一个任务都是一次证明自己的机会，企业里有许许多多和你一样优秀的人在力争上游，而最终得到赏识的总是那些做事卖力、甘愿为工作牺牲自身利益的人。你满腹才学，却没有一颗愿意付出的心，自然也难以爬到顶端。

　　英国石油公司的职业经理人道尼斯，最初只是公司里的一名基层员工，岗位普通，薪资也很低。然而，现在的他却是公司里不可多得的人才，担任着下属一家公司的总裁。他是用什么方式取得了今天的成绩？有人专门拜访了道尼斯，问其成功的诀窍。

　　让我们听听道尼斯是怎么说的吧！

　　"刚到公司没多久，我就发现了这样一件事：每天下班后，所有的员工都离开了公司，只有总裁先生留在办公室里继续工作，一直到很晚。我想，我也应该为总裁先生提供一些帮助，就主动留了下来，帮他找文件、打印材料……虽然事情很不起眼，但以往这些琐事都是总裁自己来做的。很快，他就发现我在随时等候他的命令。渐渐地，他习惯了我在身边打下手，有什么事都吩咐我去做……"

另一位从公司基层晋升为副董事长的人士，回忆自己早年在一家知名顾问公司工作时的情景说："我们以前在拿到'工作时间表'的时候都会笑，因为我们填写的是 40 小时/周，但实际上我们的工作时间是这个数字的两倍。工作就是这样，我们对外必须让客户看到我们做出了成绩，而对内也得维系自己在公司里的名誉。"

由此可见，真正热爱工作、具有敬业精神、渴望并最终获得事业成就的人，往往都舍得为工作牺牲个人利益，至少不会把注意力集中在"上班不迟到就好"和"下班准时回家"。况且，对工作本身来说，踩点上下班也不是一个好习惯。

你可能也有过这样的感触——偶然的一次晚起或堵车，让你在路上耽搁了半小时，到公司时大家都在忙碌着，你气喘吁吁地坐在电脑跟前，脑子里还是刚刚公交车上拥挤的场景。打开电脑、收拾一下桌子，给自己倒一杯水，再想想今天还有什么任务，半个小时又过去了。一晃到了10点钟，才开始逐渐进入工作的状态中，眼看着又到了11点多，临近午饭的时间了，心里不免又会琢磨：午饭该吃点什么呢？整整一个上午，没做出什么成绩来，一晃就过去了，毫无效率可言。

下班就急着逃离办公室的情况也如是。当公司晚上有聚会活动，或是你约了朋友吃饭时，往往还没到下班时间，心就已经飞了，坐卧不安，根本没心思好好干活。总想着今天先凑合着吧，大不了明天多干点儿。别忘了，明天还有明天的事，谁能保证明天不会受到其他的因素干扰？习惯按点下班的员工，本质上不止是按点下班，而是提前半个小时就已经在下班的状态中了。上午浪费半小时，下午虚度半小时，一年下来你比别人差了多少，可想而知。

成功路上没有朝九晚五

　　如果你想走在别人前面，不妨每天提前20分钟到公司，对自己一天的工作做个规划。当别人还在考虑今天该做什么时，你已经进入了工作的状态。别小看这点儿不起眼的时间，长此以往，你会超越很多人。

　　现在的公司大都是开放型的，允许员工在下班后留在公司加班。如果当天的任务没有完成，不妨暂时留下来继续完成，这样的话才不会影响明天的工作安排。若感觉工作有些吃力，或是想进一步提高自己，也可以利用下班后的时间学习和熟悉一下公司的各种产品知识、运营流程等，这对你的工作和将来的发展，会有极大的帮助。

感恩宣言

感恩勿须过多的语言，却要细微的行动。感恩失去了行动，就会沦为苍白的语言游戏。不懈奋斗恰是最有力的行动。

请思考：

1. 我如何评价自己的执行力？

_____

2. 阻碍我马上行动的因素是什么？

_____

第七章

奋斗之道在有恒

奋斗的路上没有终点

三分钟热度，是当下不少年轻员工的通病。做一件事，开始总是干劲十足，可过不了多久，就松懈了，三天打鱼两天晒网，渐渐失去了动力。直到有一天，看到自己身边的人在该领域做出了不菲的成绩，才开始感叹：倘若当初我也努力一把，情况或许不是现在这样。

成功的光环，永远都是最惹眼的，可成功背后的辛苦，却总是冷暖自知。在这个人才辈出、诱惑不断的时代，要秉持一颗工匠之心真的不易，你得有精湛的技艺，过人的才能，还要有矢志不渝的决心和坚持不懈的努力。

工匠精神，讲究的是脚踏实地，而非豪言壮语。与其大喊着要实现抱负，不如从切实可行的小事做起。若都是随便想想，或是随心所欲，不肯坚持和努力，那么纵然有万千创意，到头来也只能成为别人走向成功之路的看客。

现在的自媒体很火，几乎每个人都能够借助互联网建立一个自己的平台，但真正做好、做出效益的，却是万中无一。这不仅仅是机遇的问题，还有努力的程度。比如，大家都比较熟悉的"罗辑思维"公众号，作为资深媒体人的罗振宇每天早上 6：30 准时推送一条 60 秒的语音消息，分享他的个人经验、社会见闻、生存技巧等。看似是很简单的一件事，但罗振宇从 2012 年 12 月 21 日开始，直到今天，从未间断过！这样的勤奋和努力，是有目共睹的，也是很多自媒体人不及的。

再说卢松松博客，十年前没有微博和微信时，IT 界几乎人人都有一个独立的博客，博主来写自己的所见所闻，那就是自媒体的前身。在千千万万的博客中，卢松松博客就是其中之一，并不起眼。从 2009 年创建博客，直至现在，每天花费在博客上的时间，都不低于 2 个小时。他曾经在半年的时间里，一针见血地评论了 15000 个独立博客，平均每天500 个。

另一个互联网传奇人物"懂懂日记"，他每天清晨 4：00 ~ 6：00 写出一篇日记，分享个人的感悟、心得，以及周围人的思想智慧，内容涉及生活、工作、情感等各个方面。这件事情，他一做就是 8 年，每天写的日记大概都在 7000 字左右。

这些优秀的成功者，都具备锲而不舍、勤奋努力的特质。从他们身上，我感受到的不只是一种震撼，还有一种敬佩。他们所做的事不是手工艺活，但做事的态度和精神，却与工匠如出一辙。世上没有唾手可得的成功，不认真付出、不刻苦去学、不执着追求，就无法从平庸走向卓越。

勤奋，不只是平凡者走向成功的道路，也是成功者保持领先的必修课。俄罗斯"花游女皇"纳塔利娅说过："即便我们领先别人一大截，但我们依旧每天训练 10 个小时，这是我们成功的秘诀。"哪怕此刻的你，已经很优秀了，但若不勤奋，一定会被别人超越。

斯蒂芬·金是国际有名的恐怖小说大师。他几乎每一天都在做着同样的事情：天蒙蒙亮就起床，伏在打字机前，开始一天的写作，即使在没有灵感的时候，在没什么可写的情况下，每天也要坚持写 5000 字。一年内，斯蒂芬·金只给自己 3 天休息的时间，剩余的每一天都是在勤奋的创作中度过。斯蒂芬·金的努力没有白费，勤奋带给他的不只是世界超级富翁的头衔，还给了他永不枯竭的灵感。

勤奋是保证高效率的前提，也是提升能力必做的功课，唯有像工匠一样勤勤恳恳、扎扎实实地去雕琢每一天、每一件事，才能将自己的潜能发挥出来，去创造更多的价值。没有事业至上、勤奋努力的精神，就只能在懒惰懈怠中消耗生命，甚至因为低效而失去谋生之本。

一个人若是萎靡不振、浑浑噩噩度日，他的脸上必定是毫无生气的，做事的时候也不可能有活力，更难出成果。你比别人做得少了，短期内是轻松了，但在激烈的竞争中，一个无法全身心投入到工作中的人，势必会被淘汰。倘若本身意识不到问题所在，后续的日子依旧如此，那么到最后，就把自己推到了边缘人的境地，再没有任何的实力去与别人抗衡。

无论你现在从事的是什么工作，也无论你的职位高低，只要勤勤恳恳地去努力，终会在付出中有所收获。这份收获不单单是升职加薪，更重要的是自身实力的提升。

你有一份稳定的工作，有一个完整的家庭。听着别人说，平平淡淡就是福，心里充满了喜悦感。许多年过去了，突然发现，自己拥有的始终是这么多，甚至还有所倒退。

你是一家公司的高管，拿着高薪，享受着优越的办公环境，你就觉得自己现在可以松一口气了，终于坐到了自己想要的位子。安心度日没几年，你慢慢发现自己不能很好地适应这份工作了，你的上司似乎变得越来越苛刻，你的下属变得越来越难管。

问题究竟出在哪儿？为什么生活越来越不如愿了？很简单，不是你不够努力，而是优秀的人比你更努力。

一位即将被辞退的员工，走进了老板的办公室，做最后的工作交接。在他离开之前，老板给他开了当月的工资，外加一个月的奖金。而后，老板面带笑容，缓缓地讲起了自己的故事：

年轻的时候，我就是个从农村里出来的一贫如洗的小伙子。带着母亲给我的几百块钱在深圳打拼，有人说，深圳是个造梦的天堂，可我觉得生活在底层的人们就像活在地狱里，受人歧视，被人欺负。吃不饱饭，没有钱买衣服，整天为别人打工，失去自由。

十年前的我，没有能力，没有学历，没有背景，在这样一个繁华的大都市里静静地盯着夕阳，看着日落，惆怅地睁不开眼。而母亲的病一天一天在加重，我对着这个世界很绝望。

我做过很多工作，第一份工作就是给人洗车，后来老板丢了东西，不知怎么的就在我的床上找到了，然后我被赶了出来，拖欠的工资一分钱也没有给我。我就这么身无分文走在灯红酒绿的街头，看一家一家商店灯火通明，自己却无处可依。晚上没有地方睡觉，我就在公园的躺椅上睡，薄薄的被子让我翻来覆去睡不着。

三天的流浪生活，让我吃尽了苦头。在这座繁华的都市，我觉得自己好像被全世界抛弃了。那一刻，我难过的只想哭，深刻的痛楚让我的头脑瞬间清醒。我决定改变自己，我不想一直这个样子。凭什么别人能做到的事情我就不能做到呢，凭什么上帝不是公平的？我是个健康的人，有手有脚有大脑。

清醒后的我，卷起自己破破烂烂的行李，在街头开始找工作。看见有招聘的我就推门进去，人家看我脏兮兮的，觉得我这个人不可信，都不愿意聘用我。直到一个酒吧急需招人，我才有了一份能养活自己的工作。

我的工作是当保安，有时候客人吃晚饭不买单，他们是来找事的，老板就让我去找他们理论，那些人不分青红皂白就揍了我一顿。当我忍着剧痛满脸是血出来的时候，那些人已经走远了。老板却对我说，怎么这么笨啊，他们不买单就从你工资里扣。

我当时委屈极了，我发誓，这一辈子一定要出人头地，否则永远也不回家。

后来发了工资，我就把自己打扮了一番，重新换了一份工作，是在超市里当保安。保安的工作就是轮班制，白天我在门前站岗，下午六点下班以后，就开始出去发传单。这样干了整整半年，除了自己的生活开销，还存下了一笔钱，我拿着那些钱，给自己报了一个培训班。后来辞去了保安的工作，在一家大的饭店里干了三年。老板见我人比较勤快，又能吃苦，就提升我为主管，开始教我一些管理方面的知识，我认真地学，牢牢地记，学着如何与人打交道，学习如何干好自己的工作。

第四年，我辞去主管的工作，自己开了一家小饭馆，每天起早贪黑。我们的服务态度很好，很多顾客都成了"回头客"。时间长了以后，我们的生意越来越好。又过了两年，我就把自己所有的积蓄拿出来，把店面重新装修一下，规模比原先大一倍，也把爸妈接过来帮忙。

直到现在，我有了自己的家庭，买了房子，买了车子，几乎什么都有了，母亲的病也在慢慢调理中。这些年的奋斗都源于我在公园里躺的那三天，我不希望自己永远活得那么卑微，我就是我，我不满足自己的现状，我要改变自己。我希望活出自己的一片天地，生活永远在你手中，你愿意给自己创造什么样的生活，就会有什么样的未来。

工匠在追求手艺精进的路上，永不知足，永不停歇。如若思想上停留在满足的状态，那么表现在行动上，都会变得消极。思想决定着动机，满足于现在的安逸和稳定，自然就不会再斗志昂扬地拼搏和进取。

如果你的梦想还没有实现，如果你对现在的状态并不满意，只是贪恋着一份安逸，那么不如从现在开始，尝试着做出一点改变，每天多努力一点点，朝着正确的、心中所属的目标前进。或许，成功看似还很远，但只要方向是对的，坚持走下去，总会有收获。停留在此刻，等待的唯有生命力的枯竭。

聚沙成塔无难事

要实现一个伟大的目标，时间与精力，缺一不可。不过，人总是有惰性的，也会倦怠，有时还会缺乏信心、情绪低落，在这些负面因素的干扰之下，许多人主动或被动地放弃了。究其根源，还是心太急，总想一蹴而就，找寻捷径。

荀子早在《劝学》中告诫过我们："不积跬步，无以至千里；不积小流，无以成江海。骐骥一跃，不能十步；驽马十驾，功在不舍。锲而舍之，朽木不折，锲而不舍，金石可镂。"手艺也好，能力也罢，都不是短期内可以练就的。只要每天前进一小步，持之以恒，天长日久，当你回看时，就会发现，自己已经走了很远，这就是坚持和努力的结果。

小顾读书时成绩不好，勉强上了一个中专，毕业后就出来打拼了。由于学历不高，没什么技能，就只能做一些简单粗重的活。看着同龄人在大学里享受生活，小顾后悔了，可又不甘心就这么认输。后来，经过朋友介绍，小顾来到了一家公司做业务员。业务员的底薪不高，要想继续发展完全是靠能力和业绩。小顾挺努力的，适应能力和学习能力也很强，几年以后，已经是一个不错的业务员了。但他意识到了一个问题，自己的学历不高，领导总把大客户交给一些业绩相当、学历更高的同事，这让小顾有了危机感。为了将来有更好的发展，必须要充电。小顾报考了成人大学，并开始自学英语。

小顾随身带着一个英语单词本，白天联系、拜访客户的间隙就看看。晚上，在网络课堂学习，睡觉之前还要看看书，听听英语。听着小顾并不标准的发音，妻子又是好笑，又是心疼："都这么大的人了，还费劲学什么英语啊。你看你每天这么累，早点休息吧。"小顾却觉得，学习贵在坚持，每天学一点，时间长了总会有成效。

两年后，小顾从成人大学毕业了，英语也有了很大的进步。

有一次，公司有一桩海外业务，客户是美国人。公司派去与客户接洽的人有两个，一个是个硕士毕业的小张，英语说得非常地道，主要负责与客户交流；一个是小顾，而小顾只是打下手。没想到，小张那天出了点状况，没法按时约见客户。提早到了商务会所等待客户的小顾，如坐针毡。虽然自己学了两年英语，工作中也经常会用到，但还是对自己没信心。可转念一想，总不能把客户晾在一边啊！一番激烈的思想斗争之后，小顾硬着头皮开始跟客户交流。

虽然小顾的英文说得磕磕绊绊，但客户明显感受到了他的热情与诚意。一个小时过去之后，擅长英语的小张赶到了现场。当他看到只有中专学历的小顾，居然和客户周旋了一个小时，不禁心生佩服。在小张的详细讲解下，那次会谈很快进入正轨，也促成了合作。

见过了太多的员工，能像小顾这么有毅力又好学的年轻人，真是不多见。公司领导也很珍惜小顾这样的人才，不久，小顾就被派到了客户部做主管。

做了主管的小顾并没有懈怠，继续努力学习英语，还常常看一些人际关系与心理方面的书籍。现在的小顾，已经完全能独当一面，给公司拓展了不少的海外业务。

许多事情就是这么简单，你肯下功夫，你肯坚持，一个看似高不可攀的目标也能被攻破。怕就怕，只是有勇气尝试，却没有毅力坚持。我们都知道，开始做一件事并不困难，虽然你斗志昂扬，可无论如何，困难迟早会找上你。到那时，疲劳就像一阵秋风一样袭来，你会感到疲惫，会觉得目标太遥远，并失去坚持下去的信心。

杰克·伦敦为了让自己坚持写作，把好的字句抄在纸片上，插在镜子缝隙里，别在晒衣服的绳子上，放在衣袋里，以便自己随时记诵。多年以后，他成长为文学界的一代名匠。

对待工作和理想，我们应该像毕阿斯所说的那样："要从容地着手去做一件事，一旦开始就要坚持到底。"让坚持的习惯牢不可破，在缓慢而坚韧中，酝酿一个好的结果。

好莱坞著名导演伍迪·艾伦说："成大事者与未成事者之间的差距，并非如大多数人想象的是一道巨大的鸿沟。成大事者与未成事者的区别在于一些小小的行动上：每天多花五分钟时间阅读，多打一个电话，多努力一点，多做一些研究，或在实验室中多实验一次。"

关于成功，无数卓越人士和组织都在极力秉承这样的理念和价值观：比别人多走一步！即比别人看得更远一点，做得更多一点，动力更足一点，速度更快一点，坚持更久一点。现代社会，缺乏的正是这种工匠般的意志和精神。

励志大师拿破仑·希尔访问过诸多的成功人士，并总结出了这些人士共有的特征：他们成功之前，都遭遇过非常大的险阻。如果事情遇到阻碍就放弃将一事无成，可往往迈过了这一步，就能顺利完成；多坚持一下，奇迹可能就诞生了。

理查·巴哈所写的《天地一沙鸥》，在出版前曾被十八家出版社拒绝，最后才由麦克米兰出版公司发行。短短的五年时间，在美国就卖出了七百万本。《飘》的作者米歇尔，曾经拿着作品和出版商洽谈，被拒绝了八十次，直到第八十一次，才有出版商愿意为她出书，而此书一出便成了世界名著。

去过开罗博物馆的人，一定会对从图坦卡蒙法老墓里挖掘出的宝藏所震撼。这座庞大建筑物的第二层放置的，大都是灿烂夺目的宝藏，黄金珠宝、大理石容器、黄金棺材等，巧夺天工的工艺至今无人能及。可鲜少有人知道，如果当年不是霍华德·卡特坚持多挖一天，这些宝藏可能到今天还深埋在地下。

1922年，卡特几乎放弃了找到年轻法老王坟墓的希望，他的支持者也准备取消赞助。卡特在自传里这样写道："这将是我在山谷里的最后一季，我们已经挖掘了整整六个季节，春去秋来毫无收获。我们一鼓作气工作了好几个月，却没有发现什么，只有挖掘者才能体会到这种彻底的绝望感，我们几乎已经认定自己被打败了，正准备离开山谷到别的地方去碰碰运气。然而，要不是我们垂死地努力一锤，我们永远也不会发现这超出我们梦想所及的宝藏。"

就是这垂死地努力一锤，让卡特闻名全世界，他发现了一个完整的法老王坟墓。

年轻人如果有机会的话，多跟一些手艺人、艺术家聊聊，在他们身上，你会发现，一个人对于自己所钟爱的事业，就算受尽了磨难也会坚持。那种工匠精神，如同一针强心剂，让浮躁不安的思绪平静下来。

成功没什么秘诀，贵在坚持不懈；卓越也没什么秘诀，就在比别人多走一步。对工作，既然选择了，想要好的结果，都应有一份坚持的态度。遇到了不喜欢的事情，别推托，坚持用心去做，你会发现其实能做得很好，从前只是潜意识里对这件事没有自信，才导致兴趣下降。多一点迎难而上，找寻积极的、有趣的价值。

人们常常是在跨过乏味与枯燥、挣扎与困顿的重要关卡前选择了放弃；在做了 90% 的努力后，放弃了最后可以获得成功的 10%。这，其实是人生最大的遗憾，因为往往只差一步的努力就能收获喜悦。任何一件平凡的事情，只要你能坚持"比别人多走一步""多坚持一分钟"，你的生活可能就会与众不同。

一件事情到底有没有价值，一份工作到底有没有前途，不是凭眼睛去看的，而是要你全力以赴，才能逐渐呈现出清晰的结果。

漫画家查尔斯·舒尔茨曾经告诉记者，他不是一夜成名的，即便在他出版了有名的《花生》漫画之后。查尔斯·舒尔茨说："《花生》不是一问世就造成了轰动，那是一段漫长而艰辛的过程。大概有四年之久，漫画中的主人公史努比，才受到全国的瞩目，而它真正确立地位前后花了长达十年的时间。"

英国作家约翰·克里西，年轻的时候笔耕不辍，可迎接他的却是一次次地打击。约翰·克里西前后收到了 743 封退稿信，面对这样的现实，他是什么样的心态呢？"不错，我正承受着人们所不敢相信的大量失败的考验。假如我就此罢休，所有的退稿信都将变得毫无意义。但我一旦获得成功，每封退稿信的价值都将重新计算。"到约翰·克里西逝世时，他共出版了 564 本书，无数的挫折都因他的坚持变成了成功。

想一想，十年是什么概念？是三千六百多个日日夜夜啊！再想一想，被拒绝 743 次是什么感受？他们之所以能在文坛成为巨匠，就因为在最难熬的时刻选择了坚持，咬着牙挺住了！那些障碍不是来阻挡我们成功的，而是让我们明白，现在的失败是因为还存在不足，或是因为努力不够。

要做一件事，先沉下自己的心。别因为暂时没挖出井水，就提早退出，宣称此处无水。成功是一种积累，只要你走的方向没有错，那就一如既往地努力下去吧！任何奇迹的出现，都取决于人为的坚持。

愚公移山宁不智，精卫填海未必痴

激情是梦想的燃料

马云说过，短暂的激情是不值钱的，只有持久的激情才是赚钱的。

自古以来，我们都讲究做人做事要有"精气神"。正所谓，有什么样的精神状态，就有什么样的工作状态，那些散发着激情的人，总能迸发出干劲和活力，哪怕是在逆境时，也不会怨天尤人、牢骚满腹。

没有激情的人，永远都是一副懒散、低落的样子，看起来暮气沉沉，每天就是在熬时间，对工作的所有期盼就是等工资、盼放假。他们不会主动去找事情做，也不愿意动脑子去想东西，更是体会不到工作的乐趣。这样的人，你不可能指望他去冒风险、顶压力，成为团队的领袖，终其一生可能都是应付凑合、平平庸庸。

比尔·盖茨曾经说过："如果只把工作当作一件差事，或者只将目光停留在工作本身，那么即使是从事你最喜欢的工作，你依然无法持久地保持对工作的激情。但如果把工作当作一项事业来看待，情况就会完全不同。"

那么，盖茨自己在工作上是什么样的状态呢？"每天早晨醒来，一想到所从事的工作和所开发的技术将会给人类生活带来的巨大影响和变化，我就会无比兴奋和激动。"从这番话里，我们就能听出，他对工作充满了激情，这份激情不断鞭策着他前行奋进。

有些时候，激情的作用比才华更突出，充满激情的人更容易创造出惊人的成绩。激情和梦想是相依相伴的，实现梦想是激情的原动力，而激情也是实现梦想的助推器。工作分工不同，但无论做什么样的工作，一个充满激情的人，都不会有懒散懈怠的情况。哪怕只是很小的一件事，他也会热情满满地将其做好，而这恰恰是在为自己积攒资本。

一位女经济学家，在某金融机构做高管，有两个孩子和一个幸福的家，但她总觉得生活不够完美，似乎还缺少点什么。

16岁那年，她第一次接触舞蹈，那时的她满怀激情地发誓，要成为舞蹈家。尽管她不时地去学习舞蹈，进行一些半专业化的表演，但她在这方面确实没什么天赋和才能，倒是在商务方面表现不俗。即便如此，她还是没有放弃这个梦想，只是一直很忙，安慰自己说时间和精力不足以支撑自己去做这件事。

有一次，她对镜独照，简直被自己吓坏了。年仅32岁的自己，看上去却像一个老妇人。想着自己将来可能再也无法登上舞台，跟梦想渐行渐远了，她咬着牙决定去练习舞蹈，重新回到舞台。哪怕有人会嘲笑她，哪怕剧场里没有人欣赏她的表演，也要这么做。

她怀着激情，返回了舞蹈课程的学习中。也许是气场变得积极了，吸引力法则就出现，在她下定决心练习舞蹈没几天，有朋友告诉她，一位来自美国的舞蹈动作设计师和表演者，即将在当地开班授课。她犹豫了一下，但最终还是鼓起勇气给舞蹈家打了电话。没想到，两人见面一拍即合，舞蹈家竟然邀请她在业余时间共同编写创作剧本《不要打破玻璃》。

这是一部讲述一位女性在舞台上和生活中步步妥协的音乐喜剧。他们编排了每个舞蹈段落，并自担主角，还安排了很多演员和舞蹈家来扮演其他角色。半年多以后，这部剧在温哥华首演，大获成功。在办公室和舞台上，这名优秀的女性同时继续着自己的两个职业。此时的她，已经是一家保险公司的总经理了，但她依然找时间制作、编写、演出了四部舞剧。

一个再有才华的人，满心沮丧、提不起精神，往往也会一事无成。一个充满激情的人，总能做好自己力所能及的每件事，抓住机会发挥出最大的潜能，结果创造出奇迹。工作任务重不是借口，时间精力不允许不是理由，在这个人才济济的时代，想走出一条完美的职业轨迹，必须依靠敬业负责的精神，满怀激情地对待自己的工作，不断进取。

激情到底是什么？它是高度的热爱，能够将全身的每一个细胞都调动起来的激动情绪，一种对人、事、物和信仰的强烈情感。古今中外多少伟大的事迹，无疑都离不开激情的创造。

拿破仑发动一场战役，只需要准备两个星期的时间，能打出六场胜仗。换作他人，也许需要准备一年甚至更久。为什么拿破仑能够做到呢？因为他充满了激情。凭借着激情，弥尔顿、莎士比亚写出了不朽的诗篇；哥伦布克服艰难险阻，领略了巴哈马群岛的晨曦；伽利略举起望远镜，让整个世界为之信服。

美国经济学家罗宾斯提出一个理论：人的价值＝人力资本 × 工作热情 × 工作能力。一个人如果没有工作热情，那么他的价值就是零。没有工作热情的人，工作时一定是杂乱无章、漫无目的的。工作热情和工作能力不是处于同等的位置，工作热情是工作能力的前提和基础，工作热情能够促进工作能力的提高。

现今的很多员工，缺乏的就是这种对人、对事的激情，总是安于现状、不思进取，却总幻想着能出人头地、脱颖而出。工作向来是公平的，你付出了什么，付出了多少，直接决定着你的所得。想要实现心愿和理想，激情是必不可少的态度。

要培养工作的激情，先得知道自己为了什么而工作，其次还要分阶段地给自己设定目标。人只有在爬坡的时候，才会感觉干劲十足，一旦爬到了顶峰，反而会觉得迷茫。所以，要不断地给自己调整目标，这样工作才会有方向、有动力、有干劲。

比昨天的自己更好一点

在一家广告公司做文字录入的S，打字速度很快，写作能力也不错。同样的一项任务，别人要用五个小时来完成，S只要三个多小时就能做好。可有一回，同事发现S明明已经打完了一篇稿子，却又重新建立一篇文档，重复录入已完成的稿子。

起初，同事并没有把这件事放在心上，以为S可能是忘记保存了，所以才要重新做。可是后来，同事一连几次都发现S在做这样的事，当主管问起工作的进度时，S总是说"快好了"。原来，S是不想因为自己做得太快而被安排更多的工作，就把已经录入完的稿子保存好，等老板急着要的时候，再把它拿出来，其余时间就在那里重复录入，装作忙碌的样子。

像S一样的职场人，其实并不在少数，总是畏惧多干活、多承担，感觉所拿的工资不值得做那么多事情，就想办法让自己偷点懒。看似是"聪明"，实则是糊涂。我们早就说过，工作不是给老板做的，做事比别人快，是证明你有能力的一种方式，而承担更多的事情，也是提升自我能力的途径。S自以为这样做很保险，可是她忘了，职场是一个不进则退的地方，你在原地踏步的时候，也许有人已经赶超了你、取代了你。

安徒生说："有了一些小成绩就不求上进，这完全不符合我的性格。攀登上一个阶梯，这固然很好，只要还有力气，那就意味着必须再继续前进一步。"正是这种不停歇的进取，让世界多了很多美丽的童话。

企业需要有高度进取心的人，对这一点，不少知名企业的 CEO 都曾坦白说到过。

美国通用公司前总裁杰克·韦尔奇认为："员工的成功需要一系列的奋斗，需要克服一个又一个困难，而不会一蹴而就。但是拒绝自满可以创造奇迹，所以我们要时刻准备超越一秒钟前的自己。"钢铁大王卡内基也认为："有两种人绝不会成大器，一种是非得别人要他做，否则绝不主动做事的人；另一种则是即使别人要他做，也做不好事情的人。那些不需要别人催促，就会主动去做应做的事，而且不会半途而废的人必将成功，这种人懂得要求自己多付出一点点，而且做得比别人预期的更多。"

老板欣赏的是那些喜欢真正做点事情的员工，他们能自觉地、主动地努力，影响和带动周围的人。倘若一个人缺乏进取心，总是抱着应付、得过且过的态度，且不说无法给企业创造什么价值，就连他自己的职业生涯，也会被这种消极自满断送掉。

一个人只有不满足于现状，不断去提升和改变，才能更上一层楼。

美国广播公司的晚间新闻当家主播彼尔斯·哈克，没有接受过大学教育，可他一直把事业当成自己的深造殿堂。他在做了三年主播后，毅然辞掉了这个令人羡慕的职位，跑到了新闻第一线去做记者，接受磨炼。他在美国国内报道了许多不同类型的新闻，并成为美国电视网第一个常驻中东的特派员，后又搬到伦敦，成为欧洲地区的特派员。历经这些磨炼后，他重新回到主播的位置。此时的他，再不是当年那个初出茅庐的年轻小伙了，而是一位成熟稳健、深受观众喜爱的记者。

爱莫斯·巴尔斯是百货业公认的伟大推销员之一，他极具进取精神。直到晚年，依然保持着敏锐的头脑，不断涌现出令人称奇的新想法。每当有人向他取得的成绩表示祝贺时，他都表现得很从容，然后告诉对方："你来听听我现在这个新想法吧！"到了94岁高龄时，他不幸罹患绝症，有人打电话向他表示慰问，他却丝毫没有悲伤的情绪，而是说："我又有了一个新的想法。"仅仅两天后，他就与世长辞了。他一生都在不断地挑战自己、超越自己，从没有认为自己已经完成了一切，而是永远朝着下一个目标前进，哪怕是在死神面前。

如果一个人把事业上取得的小成就视为终点，不再像过去那样对实现目标感到兴奋和激动，那么他很有可能会出局。生活的目标是没有界限的，唯一的界限是继续往前走还是停留在原地，或者是干脆放弃。我们看到了，优秀的人全都选择了进取，达到一个目标后，会接着设定下一个目标，再度接受挑战，不会丧失热情和创造力。积极进取，改变自己，不是幻想着一蹴而就，而是要稳扎稳打，依靠着点滴的努力，循序渐进地提升。

一位野外摄影记者，曾经独自到亚马孙河的密林中拍照，结果迷了方向。他唯一能做的就是依靠着指南针指示的方向，拖着沉重的步伐朝着密林深处走去。

在酷热和季风带来的暴雨中，他要长途跋涉320千米，极其艰辛。刚走了一个小时，他的一只长筒靴的靴钉就扎进了另一只脚，傍晚时双脚都已经出了像硬币那么大的血泡。他能走完剩下的220千米吗？他以为自己完了，但又不得不走，为了在晚上找个地方休息，只能一千米一千米地走下去。然后，你知道吗？他真的走出了亚马孙丛林。

其实，进取的过程犹如在丛林里长途跋涉，不可能一下子到终点，只要保证不断超越前一秒的自己，每走一段路都能留下坚实的脚印，定能使自己无限的潜能化为不凡的成就。

畏惧问题比问题本身更可怕

工作能力的强弱，一方面体现在专业技能上，另一方面则体现在心理素质上。很多人在面对棘手的任务时，还没有与问题接触，内心就已经开始畏惧了；有些问题原本不是什么大事，却被人为地扩大化、严重化，为之感到恐惧和焦虑。背着这样的心理包袱，自然无法释放出潜能，甚至连自己原本具备的能力也无法很好地展现出来。

是真的不具备解决问题的能力吗？显然不是。与其说他们是被问题打败的，倒不如说他们是被对问题的恐惧打败的。如果他们能换一种心态，直面所有的问题，结果往往会比他们预想得要好。

罗斯福曾经说过一句话："唯一值得恐惧的，就是恐惧本身。"因为，莫名其妙的、毫无根据的恐惧，会让人转退为进所需要的种种努力化为泡影。当我们鼓足勇气，去直面那件让自己感到恐惧的事情时，往往会发现，它不过如此。

一位叫麦克的人，在37岁那年的一天下午，做出了一个惊人的决定：放弃薪水优厚的工作，把身上仅有的一些钱施舍给街上的流浪汉，匆匆地带了几身换洗的衣物，告别了未婚妻，徒步从阳光明媚的加州出发。

他要一个人横越美国，到东海岸北卡罗来纳州的"恐怖角"去。

在做这个决定之前，麦克几乎面临着精神崩溃的局面。那天下午，这个再平凡不过的"白领"突然大哭起来，他问自己：如果死神通知我今天死期到了，会不会留下很多遗憾？答案是肯定的，而且这个答案令他万分恐惧。此时，麦克才意识到，尽管自己有个体面的工作，有个漂亮的未婚妻，有许多关心自己的至亲好友，但他发现自己这辈子从来没有过冒险的经历，一生平淡，从来没有达到过高峰，也没有跌到过低谷。

他扪心自问：这一生有没有经历过苦难？有没有勇敢地挑战过恐惧？接着他又哭了，为自己懦弱的前半生而哭。麦克开始检讨自己，诚实地为自己一生的恐惧开出了一张清单：

小时候他怕保姆、怕邮差、怕鸟、怕猫、怕蛇、怕蝙蝠、怕黑、怕幽灵、怕荒野……而这些小时候令他恐惧的东西现在依然折磨着他。长大后，他恐惧的东西就更多了，他怕孤独、怕失败、怕与陌生人交谈、怕精神崩溃……他无所不怕，于是他小心翼翼地活着，尽量避免接触这些令自己恐惧的东西。

想到这里，麦克忽然意识到，这正是造成他一生平平淡淡的根源。于是，就在他精神即将崩溃之时，他做出了这个仓促而大胆的决定。他决定去挑战恐惧，选择令人闻风丧胆的"恐怖角"作为最终目的地，借以表达征服他生命中所有恐惧的决心。

懦弱了37年的男人，终于上路了。在这之前，祖母警告过他："孩子，你一定会在路上被人欺负的。"从小到大，他想不起自己有多少次因为这种警告而退缩，这次他不再退缩了。

在几千次迷路，几十顿野餐，以及一百多个陌生人的帮助下，他最后抵达了目的地。这期间，他没有接受过任何金钱的馈赠，他曾与黑夜和空旷为伍，在雷雨交加的夜晚睡在超市提供的简易睡袋里；曾有几个像公路分尸杀手或抢匪的家伙让他心惊胆战；在最艰难的时候，他还在陌生的游民之家打工以换取住宿；在民宅投宿时，他还碰到过几个患有精神病的好心人。就在他思考下次会不会碰到孤魂野鬼的时候，他抵达了"恐怖角"。

与此同时，他接到了未婚妻寄给他的提款卡，当他看到这个对他的旅途毫无用处的包裹时，激动地紧紧拥抱了邮递员。他不是为了证明金钱无用，而是用这种常人难以忍受的艰辛旅程使自己一次性地直面了所有的恐惧。

比起抵达目的地，更让麦克兴奋的是，"恐怖角"这个名称是16世纪一位探险家命名的，本来叫"cape faire（自由角）"，只是在漫长的岁月中被讹传为"cape fear（恐怖角）"。一切，都只是个误会！他说："'恐怖角'这个名字的误会，就像我自己的恐惧一样。我恐惧的不是死亡，而是生命，这是我最大的耻辱！"

从心理学上讲，当人们对一件事情充满期待，却又觉得自己没有能力解决它的时候，就会不由自主地从心里产生一种厌倦的情绪。但其实，从人本身的角度来说，厌倦只是一种逃避，或者说是因为恐惧失败而自己找的借口。

日本知名的雪印公司，曾经出现过高层管理人员因畏惧承担责任而不断推卸，最终造成严重后果的情况。雪印公司的信誉度一直都很好，消费者也非常信赖它们的产品，可在2000年的时候，雪印公司出现了消费者食用牛奶产品后食物中毒的严重问题。

事件发生后，雪印公司的高层管理者很害怕，怕公开承认错误会给组织带来巨大的打击和损失。为此，他们在这件事上一直采取回避的态度，直到事发几天后，才草草回应此事，随后沉默不语。一个月以后，雪印公司在报纸上以公告的名义向广大消费者致歉，但依旧没有说明为什么牛奶产品会导致消费者食物中毒。

显然，雪印公司是因为惧怕而隐瞒了事实。在处理问题的时候，他们不断拖延推诿，没有在出现问题的第一时间立刻回收那些不合格产品，结果导致公司的信誉和形象遭受了巨大的损失，最终还遭到了停产的处罚。

鲁迅先生有句名言："前途很远，也很暗。然而不要怕，不怕的人的面前才有路。"生活也好，工作也罢，唯一需要害怕的就是害怕本身，畏惧会让你把原本可以解决的问题变得难如登天。一旦你克服了畏惧的心理，所有的问题都不再是难题。

遇到了山一样的阻碍时，先别急着找理由强化问题的难度，催眠自己说无法解决。这样的催眠只会让你觉得，恐惧是合情合理的。你越是心存畏惧，畏惧越会肆无忌惮地吞噬你，最后把你打败。最好的办法是不要多想，不去逃避，直接面对问题，只有靠近了问题，置身于问题中，才能专注地去思考解决之道。

恰如一位跳伞教练给学生的忠告："在跳伞台上各就各位的时候，我会让大家尽快度过这段等待时间……等待跳伞的时间拖得越久，跳伞的人就会越恐惧，越没有信心。"

处理其他的工作问题也是一样，优秀的员工把恐惧转化为行动，在行动中战胜恐惧，不敢动手去做的人，只会平添恐惧，停在原地。真的去面对了，你就会发现，问题根本没有想象中那么严重和糟糕。

感恩宣言

　　成功非一夕之功，奋斗要一以贯之，久久为功。企业发展有章法，个人奋斗无终点。在企业，我们不但要有热血上涌、敢打敢拼的激情，更要有本本分分、跬步千里的恒心。

请思考：

1. 我如何才能保持长久奋斗的激情？

_____

2. 我已经制定了哪些有助于工作持久改进的方法？

_____

第八章

功成必定有我——做实干担当、爱岗奉献的奋斗者

实干担当谱写奋斗"进行曲"

希腊神话中，人始终背负着一个行囊在赶路，肩上担负着家庭、事业、朋友、儿女、希望等，历尽艰辛，却无法丢弃其中任何一样东西。因为，行囊上面写着两个字：责任。

走出神话，回归现实，亦是如此。每个人在生活中扮演着不同的角色，无论出身贫寒或富贵，都当对自己所扮演的角色负责。文成公主远嫁匈奴，花木兰代父从军，张骞通西域，玄奘西游拜佛求经……都是在做自己该做的事，尽自己该尽的责任。

人可以清贫，可以不伟大，但不能没有担当，无论何时都不能放弃自己肩上的责任。有担当的人生才能尽显豪迈与大气；有担当的家庭才有安稳与幸福；有担当的社会才能有和谐与发展。只有勇敢承担责任的人，才会被赋予更多的使命，才有资格获得更大的荣誉。丢掉了担当，就会失去别人对自己的尊重与信任，最终失去所有。

一些年轻人抱怨，说领导给自己安排了太多的工作，却从来没有提加薪的事，自己一点儿动力都没有，每次都是敷衍了事。说这些话的员工，其实是很不负责任的。试想一下：医生能因为工资低、病患多，就敷衍了事地对待病人、马马虎虎地去完成一个手术吗？护士能因为总加班、琐事多，就漫不经心地给病人用药吗？

不要觉得，只有这些与生命息息相关的工作，才需要兢兢业业、谨小慎微、尽职尽责，任何一个企业、任何一个职业、任何一个岗位，都需要负责任、有担当的员工。你玩忽职守、随随便便，就等于放弃了工作中最宝贵的东西，也势必会为此付出沉痛的代价。这种代价，或是金钱，或是生命。

曾经，一所中学在下晚自习时，1500 多名学生在从教学楼东西两个楼道口下楼时，教学楼的一段楼梯护栏突然发生了坍塌。由于楼道里没有灯光，一片黑暗，且楼道内十分拥挤，学生们在惊慌失措的情况下，多人摔下楼梯，最终导致 21 人死亡、47 人受伤。

警方调查后发现，酿造这起惨剧的原因是：学校基础管理工作混乱。

首先，在事故发生地的楼梯处，12 盏灯中，1 盏灯没有灯泡，其余 11 盏灯不亮。事故发生的当天下午，有老师向校长反映了照明的问题，可校长却以管灯泡的人员不在为由，没有及时处理潜在的安全隐患。其次，技术监督部门怀疑，该校教学楼楼梯护栏实际使用的钢筋强度没有达到相关标准，很可能在建造过程中偷工减料了，且学校在这座教学楼未经验收的情况下就投入使用，完全没有考虑到师生的安全。再次，事故发生时，带班在岗的校长敷衍塞责，正与市教委、本校和其他学校的 18 位老师在一家饭店喝酒。

回顾整件事情的经过不难发现，惨剧的发生绝非偶然，若相关人员没有玩忽职守、忽视责任，也许就不会让那么多如花的生命黯然凋零了。放弃在工作中的责任，就如同放弃工作本身，这种代价是巨大的，甚至是你意想不到的。

美国火车站有一个火车后厢刹车员，人很机灵，总是笑眯眯的，乘客们都挺喜欢他。可每次遇到加班的情况，他就会抱怨不停。有一天晚上，一场突然降临的暴风雪导致火车晚点，这就意味着他又得加班了。他一边抱怨着天气，一边想着如何逃掉夜间的加班。

暴风雪本来已经够令人心烦了，更糟糕的是，它又阻碍了一辆快速列车的运行，这辆快速列车几分钟后不得不拐到他所在的这条轨道上来。列车长收到情报后，立刻命令他拿着红灯到后车厢去，做了多年的刹车员，他也知道这件事很重要，可想到车厢后面还有一个工程师和助理刹车员，他也就没太在意。他告诉列车长，后面有人守着，自己拿件外套就出去。列车长严肃地警告他，人命关天，一分钟也不能等，那列火车马上就来了。

他平日里懒散惯了，列车长走后，他喝了几口酒，驱了驱寒气，吹着口哨漫不经心地往后车厢走去。可等他走到距离后车厢十几米的时候，他突然发现，工程师和助理刹车员竟然都没在里面。这时，他才想起来，半个小时前他们已经被列车长调到前面的车厢处理其他事情了。

他慌了神，快步地跑过去。可是，太晚了！那列快速列车的车头瞬间就撞到了他所在的这列火车上，紧接着就是巨大的声响，和乘客们的呼喊声。事后，人们在一个谷仓里发现了这个刹车员，他一直自言自语："我本应该……"他疯了。

工作，就意味着责任。世界上没有不需要承担责任的工作，不能以职位低、薪水少为由来推卸责任。你要明白，职位与权力和责任是成正比的，你若连最基本的工作都不屑于做好，那企业如何给予你高薪厚禄，让你去挑起更重的担子，扛起更大的责任？

什么样的员工才称得上有责任心、有担当？

1. 勇敢承担责任，坚决完成任务

很多人对马拉松比赛都不陌生，但真正了解这项比赛因何诞生的人却寥寥无几。

公元前 490 年，希腊与波斯在马拉松平原上展开了一次激烈的战斗，希腊士兵打败了入侵的波斯人。将军命令士兵菲迪皮茨在最短的时间内把捷报送到雅典，给深陷困顿的雅典人带去希望。接到命令后，菲迪皮茨从马拉松平原不停地跑回雅典，那段路程大约有 40 公里。当他跑到雅典把胜利的消息带到的时候，他却因过度劳累倒下了，再也没有起来。

希腊人为了纪念这位英雄的士兵，1896 年在希腊雅典举行的近代第一届奥林匹克运动会上，就用这个距离作为一个竞赛项目，用以纪念这位士兵，也用以激励那些敢于承担、坚持完成任务的人。

在企业中工作，从接到命令和任务的那一刻起，就应当立刻执行，并抱着坚决完成任务的信念，克服种种困难。因为，这是你的工作，也是你的责任。

2. 虔诚地对待工作，把工作当成使命

古希腊雕刻家菲狄亚斯被委任雕刻一尊雕像，可当他完成雕像要求支付酬劳时，雅典市的会计官却耍起了无赖，说没有人看见菲狄亚斯的工作过程，不能支付他薪水。菲狄亚斯当即反驳道："你错了，神明看见了！神明在把这项工作委派给我的时候，就一直在旁边注视着我的灵魂。他知道我是如何一点一滴地完成这尊雕像的。"

每个人心中都有一个神明，菲狄亚斯坚信神明见证了自己的努力，也坚信自己的雕像是完美的作品。事实也的确如此，在两千多年后的今天，那座雕像依然伫立在神殿的屋顶上，成为受人敬仰的艺术作品。

在菲狄亚斯看来，雕塑是他的工作，也是他的使命。他的内心有自己的工作标准，无论外人怎么看，他都认定自己的雕塑是完美的；不管有没有人监视，他都虔诚地对待自己的工作。正是这种强烈的责任心和兢兢业业的精神，成就了他的伟大杰作。

也许你不是雕塑家，但你却可以像菲狄亚斯一样，把自己的工作当成一种使命，以高度的责任心和严格的标准完成它。在接受一项任务的时候，由衷地热爱它，努力地做好它，这就是实实在在的担当！

3. 主动自觉地去工作

一家知名企业曾在某名牌大学的礼堂举行专场招聘会，会上不少学生积极应聘，希望能进入这家企业工作，可是碍于招聘条件的严苛，许多热情的学生都被拒之门外。招聘会散场时，礼堂里有一把椅子的座套被碰掉在地，学生们从旁边陆续经过，一个、两个、三个……这时，有个年轻的女孩主动弯腰捡起座套，掸掉灰尘重新把它套在了椅子上。

负责招聘的人力资源部经理恰好看到了这一幕，她问那个女生是不是大四的毕业生，女孩说自己在读大三。经理觉得很惋惜，说如果这个女孩是应届毕业生，不需要任何面试，就会录用她。助理问及缘由，她说："大概有20多个毕业生经过那个地方，却没有一个人弯腰捡起座套，这也说明，他们没有养成主动做事的习惯。"

西方有句谚语说得好："你看见主动自觉的人了吗？他必定站在君王

的身边。"主动做事的人能够得到赏识，是因为明白工作不是为了企业和老板，而是为了自己学到更多的知识，积累更多的经验，所以能够全身心地投入到工作中去，主动去做事。

如果你想登上成功之梯的最高阶，就要保持负责的工作态度。即使你面对的是毫无挑战或毫无生趣的工作，但你若能意识到自己的责任，那么在这种力量的推动下你就会产生主动做事的欲望，最终得到丰厚的回报。因为，机会永远垂青有担当、不推卸的人。

责任面前没有任何借口

成功与借口永远不会在一起：选择成功就要没有借口，选择借口就不会有成功。

著名畅销书作家约翰·米勒，曾在自己的著作中讲述过这样一个故事：

那是一个周日的下午，风很大，我和我的家人开车行驶在高速公路上。突然，一幅惊人的情景呈现在我们眼前：在公路右侧的旷野里，一个中年人正从轮椅上扑向一大片报纸。报纸在空中乱飞，狂风把它吹得四处都是。中年人无法站立，只能在地上爬，他很努力地去抓那些报纸，可风实在太大了，他的腿又有残疾。转眼间，旷野里处处都是报纸。

此时，我的大儿子威尔在我后面喊道："爸爸，我们去帮帮他吧！"我迅速把车停好，然后一起跑过去帮忙。风很大，我们几个人在旷野里追着报纸跑。当我抓住报纸，把它搂在胸口的时候，我很好奇，到底发生了什么事？当我们把报纸都找了回来，递给那位残疾人时，他紧紧地抓住那些报纸，如获至宝。

我的一个孩子问："到底发生了什么事情？"中年人挣扎着坐回到轮椅上，一只手臂抖个不停，像是残废了。他说："老板让我把几捆报纸送给客户，等我到地方的时候发现少了一捆，急忙回来沿途寻找。走到这里时，我简直不敢相信，报纸飞得到处都是。"

我几乎没有经过思考，就问他："你是打算一个人把这些报纸捡起来吗？"

他很奇怪地看着我，说："当然，我必须这么做，这是我的责任。"

我们可以想象出当时的画面，一个双腿和一只胳膊都有残疾的人，在狂风肆虐的旷野里，去抓漫天飞舞的报纸，那无异于登天。除非风停下来，不然的话，他是不可能追到报纸的，可即便是这样的状况，他依然没有放弃努力，还能信誓旦旦地说，必须要这么做，这是"我"的责任，而没有找寻任何的借口。

换句话说，他不去找借口，单凭借自己身体的残疾，就足以让客户和老板网开一面。然而，他没有这么做。相比之下，多少身体健全的人，却做不到这一点。遇到麻烦的时候，先想着如何去找一个合适的借口，试图掩饰失败，欺骗老板，而忘了自己应尽的责任。

为什么如此多的人都喜欢找借口呢？原因很简单，就是心里有太多的"凭什么"，总是在强调："凭什么让我来做？""给那么少的钱，凭什么让我付出？"心理的天平失了衡，行动自然就会受到影响。

但，你有没有想过：选择了工作，就等于选择了"被要求"，除非你什么都不做。进入一个企业，你就要遵循它的规章制度；老板安排了任务，你就得去执行，这是你的责任和义务，无论喜欢与否，都必须这么做。既然都是做，为什么非得满腹怨气呢？与其推诿找借口，怨声载道，倒不如化被动为主动，调动全身的每一个细胞，尽最大努力去做好一件事。

美国西点军校有一个悠久的传统，学员遇到军官问话时，只有四种回答："报告长官，是""报告长官，不是""报告长官，不知道""报告长官，没有任何借口"。除此之外，不允许多说一个字。

"没有任何借口"，是西点军校一直以来奉行的最重要的行为准则，也是它传授给每一位新生的第一个理念。目的在于，训练学员想办法去完成任何一项任务，而不是为了没有完成任务去找借口，哪怕是看似合情合理的借口。正是秉承着这样的理念，从西点军校走出的学员，不少都成了各个领域中的佼佼者。

现实职场中，我们缺少的，恰恰就是这种想办法完成任务、不找任何借口的人。这是一种服从、诚实的态度，也是一种负责、敬业的精神。美国卡托尔公司的新员工录用通知单上印着一句话："最优秀的员工是像恺撒一样拒绝任何借口的英雄！"

为何说要像恺撒一样？这就要提起一则典故了。

有一次，恺撒率领他的军队渡海作战，登岸后，他决定不给自己的军队留任何退路。他希望自己的将士们知道，这次的作战很重要，不是战胜就是战死。所以，当着将士们的面，他烧毁了所有的船只。士兵们知道，这一次的战役是退无可退了，只有拼尽全力才有生的可能。结果，军队大获全胜。

背水一战、破釜沉舟，往往能够诞生奇迹。这是因为，没有给自己留退路，一心向前，不管遇到什么情况，都不会选择逃避。拒绝借口，其实就是要断绝一切后路，倾注所有的心血在所做的事情中，坚定任何阻碍都无法使自己后退的决心。

养成拒绝借口的习惯，把所有精力倾注于一个目标，通常能够最大限度地调动自身的潜能，迸发出一种惊人的力量。有了这种"豁出去了"的拼劲和信念，才能消除内心的恐惧、犹豫和胆怯，从心底萌生出勇气、信心和热情，最终"置之死地而后生"。

每一份平凡的工作，都有可能创造出奇迹，只要你坚持以"没有任何借口"来要求自己，并将其付诸实践。当你养成了不找借口的习惯以后，就会发现自身的能力也在随之提升，格局也变得更加宽阔。待到那时，你的内心只有"责任"，而没有为了推卸责任而寻找的理由。

做了才有资格谈收获

在生活中，真正的问题不在于我们得到什么，而在于我们做了什么。

有人曾说，世上最遥远的距离不是南极北极，而是从头到脚的距离。头和脚代表的分别是梦想和现实，头用来梦想，脚用来实践，而这中间的距离却是很多人一生都望尘莫及的。

有趣的是，不少人把未能实现梦想归咎于外因，满心憧憬着好的结果，脚步却从不曾挪动。试问：你根本没有真正地去努力过，有什么资格和权利去拥有成就呢？没有人能未卜先知，也没有人能完全预测行动能带来什么，但有一点是肯定的，有些事情做了不一定会成功，还可能会受到诸多阻碍，可若不去尝试、不去行动、不去付出，就永远没有成功的机会。

五十年前，英国一个幼儿园的 31 位孩子写了一次作文，名为《未来我是……》。一个叫戴维的盲童，在作文里写道，未来的他是英国的内阁大臣，因为至今为止还没有盲人进入内阁。从那时起，他脑海里就存在了这个想法，一天也没有放弃过努力。

五十年后，他成功了，果然成了英国第一位盲人大臣。他，就是英国著名的内阁教育大臣布伦克特。布伦克特曾经在英国的《太阳报》撰稿劝勉读者："只要不让年轻时的梦想随岁月飘逝，成功总有一天会出现在你的面前。"

很多时候，我们总是给自己假设了太多的困难，却没有为目标真正地行动过、付出过。这就好比一则故事里讲到的那样，终日烧香拜佛请求神明保佑，让自己能有机会中大奖，可实际上却一张彩票也没买过。再好的想法，也不可能通过思考来达到，如果没有行动，任何人也帮不了你，哪怕他真的具备促成你的条件。

在举办 1996 年奥运会之前，并没有多少人知道美国的亚特兰大市，能够通过奥运会让全世界的人认识它，比利·佩恩功不可没，他为了这件事付出了巨大的努力。

1987 年，比利·佩恩萌生了申办奥运会的想法，可当时没有人看好，就连身边最好的朋友，都怀疑他是不是疯了。可他相信，事情总要去做，才能知道到底行不行，在此之前所有的说法，都不过是臆想。

说做就做，他放弃了律师合伙人的职位，全身心地投入到了这项活动中。他四处奔走，竭尽全力赢得了市长的支持，组成了一个合作小组，用充满激情的演说说服了众多大公司为这个项目投资，并在世界各地巡回演讲。每到一个地方，他就组织一个"亚特兰大房舍"，邀请国际奥委会的代表共进晚餐，以此加深他们对亚特兰大的了解。

随着时间的积累和坚持不懈的努力，终于在 1990 年 9 月 18 日，比利·佩恩和他的伙伴们用行动和努力赢得了回报，国际奥委会打破了传统的做法和惯例，将 1996 年奥运会的主办权交给了第一次提出申请的美国城市亚特兰大。

比利·佩恩的内心，始终秉承着这样一个观点："我不喜欢周围消极的人，我们不需要有人经常提醒我们成功的可能性不大；我们需要那些积极向我们提供策略和解决问题方法的人。我们最终实际上是靠自己来做事，并且我们有意识地做出决定要从自己的失败中学习到经验和教训。"

亚特兰大申奥成功，离不开比利·佩恩的这种信念。他始终在用行动去证明自己，而不是听信谁的预言。工作也是一样，比尔·盖茨说过："你能够使成功成为你生活中的组成部分，你能够使昨日的理想成为今天的现实，但是必须动手去做才能让你的理想实现。天下没有免费的午餐。"

美国一家大型的贸易公司赶上周期性的贸易淡季，从年初到七月份，贸易额连续下降了十几个百分点，业务员们士气受挫，没了积极性，老板想了不少激励办法，可结果都不太好。公司陷入现金流危机，老板心焦如焚。

八月底，公司举办了一次大型的贸易促销会，老板希望能缓解公司的状况。与此同时，这也是一场严峻的挑战，倘若这次贸易促销会不能签下几个大单，到年底的话，公司很有可能会破产。在促销会开幕的前两天，老板决定召开一次动员大会，以增士气。

在动员大会即将结束的时候，老板请在座的经理和业务员全都站起来，看看自己的座椅底下有什么东西。结果，大家惊奇地发现，每个椅子下面都有钱，少则 1 美元，多则 100 美元。老板说："这些钱都归你们，但你们知道为何要这样吗？"大家面面相觑，没有人能猜出原因。

最后，老板严肃地说："我只想告诉大家一件事，坐着不动永远也赚不到钱，我需要你们擦亮眼睛，去发现隐藏在你们身边的商机。"话音一落，全场响起了雷鸣般的掌声。结果，在那次国际性的贸易促销会上，这家公司签了多笔订单。那天，公司里的业务员几乎都想尽办法去挖掘自己所能获得的商机。

我们总是埋怨好机遇跟自己无缘，却不知道，其实是自己没有站起来去抓机遇，一直都在等它主动降临。执行最本质的东西，就是行动！不管你的理想抱负有多大，不管你思考的水平有多高，都不可能通过幻想获得结果。做任何事情都要付诸行动，先得去做了，才有资格去谈收获。

团队协作让奋斗更出彩

很多情况下，要把一件工作落实到位，光靠一个人的努力是不够的，还需要团队的配合，即所谓的合作，它是提高工作效率最有效的手段，也是现代企业发展与员工落实工作的必要途径。

索尼在世界产业界是一家闻名遐迩的公司，其创始人井深大与盛田昭夫在长达51年的时间内，共同经营索尼。他们的合作是天衣无缝、无懈可击的，在公司的很多重大决策上，井深大坚定地站在了盛田昭夫这一边，把公司运营完全交托于盛田昭夫，自己则专注于技术研究；而盛田昭夫更多地以井深大为支柱和精神上的依托，无论有什么想法，他都会与井深大交流，在井深大那里获得验证，把井深大当成是他面对外部世界的力量源泉。他们从青年时期一起走过困境，步入辉煌，进入垂暮，甚至到中风失去说话能力的时候，井深大与盛田昭夫都始终相互沉醉于彼此的高度默契之中。

尺有所短，寸有所长。随着现代企业的不断发展，社会分工也越来越精细，每个员工都不可能成为百科全书式的人物，必须借助他人的智慧来完成自己人生的超越，因此，合作才有利于"双赢"。

某公司要招聘一个营销总监，前来应聘的人很多，经过层层筛选，最后有三名优秀者脱颖而出，也就是说只剩他们三个人有资格来竞争这个职位。

为了测试谁更适合担任这个角色，公司给他们出了一道考题：请三个竞争对手到果园里摘水果。

这三名竞争者一个个子高大，一个身手敏捷，还有一个个子矮小，在正常人看来，前两个人最有可能成功，结果却恰恰相反，最后是那个个子矮小的人获胜了。这究竟是什么原因呢？

原来，这道考题是经过精心设计的，竞争者要摘的水果都在很高的位置，而且树梢上的水果最多。身手敏捷的人，尽管可以爬到树上去，但是树梢的部分，他就够不着了．个子高的人尽管一伸手就能摘到一些果子，但是毕竟高度有限。而那位个子矮小的应聘者意识到这次招聘非同寻常，所以他在刚进果园时，就非常热情地和看园子的老人家打招呼。他十分谦虚地请教老人家树梢上的那些水果平常是怎样摘下来的。老人家告诉他借助梯子。于是，他就向老人家借了梯子，老人家非常爽快地就答应了。

这位个子矮小的人有了梯子，摘起水果来自然很轻松。当然，他摘的水果比那两个人的都多。他成了最后的胜利者，获得了总监的职位。

　　从这个故事中，我们可以看出，主考官考的是团队精神中的一项重要内容——通过对他人的关心和支持，培养赢得别人帮助和协作的能力。

　　我们生活在一个合作的时代，合作已成为人类生存的手段。个人英雄主义的时代已经成为过去，一个人如果只知道自己工作，平常独来独往，在当今时代想要获得成功是一件很难的事。因此，要想很好地落实工作，一个人的能力已经不再占主导地位了，各成员间的团结协作才是最重要的。团结合作，能够使我们从别人那里学到更多对自己有用的东西，让自己得到更快的提升。在团队合作中，我们应该做到以下几点：

　　（一）善于交流

　　在一个办公室工作，和同事之间肯定会存在某些差别，如知识、能力、经历等，从而造成在对待和处理工作时会产生不同的意见。这时就需要协调，交流是协调的开始，要把自己的想法说出来，还要倾听对方的想法，你要经常说这样一句话："你看这事怎么办，我想听听你的想法。"

　　（二）积极乐观

　　当遇上非常麻烦的事时要乐观面对，你要对你的同伴说："我们是最优秀的，任何困难都难不倒我们，我们会成功的。"

　　（三）创造能力

　　谁都知道一加一等于二，但你应该让它大于二。培养自己的创造能力，不要只安于现状，试着发掘自己的潜力。一个表现突出的人，除了能保持与人合作以外，还需要有人愿意与你合作。

　　（四）接受批评

　　把同事和伙伴当成你的朋友，坦然接受别人的批评。如果一受到他人的批评你就暴跳如雷，那么谁都会对你敬而远之的。

（五）平等友善

即使你觉得自己无论在哪个方面都很优秀，对于眼前的工作，即便你觉得自己完全有能力一个人解决，也不要显得太过张狂。要知道今天能独立完成工作，不代表以后也能独自完成一切。所以还是要友善一些，平等地对待他人为好。

从以上几点不难看出，一个团队、一个集体，对一个人的影响是十分巨大的。善于合作、有优秀团队意识的员工，整个团队也能带给他无穷的利益。

因此，对于一名员工而言，只有建立一个目标一致、分工明确、组织有序的团队，才能通过信息共享和资源共享，高质量地完成自己的工作；只有充分发挥团队成员的合作力量，才能面对急剧变化的环境及日趋激烈的竞争。一个重视团队精神的员工，才有可能在激烈的市场竞争中获取胜利。

否则，落实工作将是一个难题。总之，对于任何一名员工来说，当你通过在团队中与同事间的精诚合作，将个人独特的优势在工作中淋漓尽致地展现出来，你便会把工作落实到位，最终赢得领导的赏识，拥有自己事业上的成功。在这个需要合作的时代，作为员工，要珍视身边的合作机会，珍惜身边每个有可能合作的人。

奋斗就是要自动自发

在一次培训课上，培训师问在座的学员："有多少人希望薪水翻倍？"

几乎所有人都会笑着举起手。然后，培训师又问："有多少人希望自己能有所作为，做到管理层的位子？"大家又笑了，纷纷举起手。

培训师继续问道："有多少人希望还清贷款，财务自由，过想过的生活？"到这时，台下有笑声，还有鼓掌的声音，大家还是不约而同地举起手。

很明显，大多数人都有远大的目标，渴望升职加薪，经济自由，给自己和家人更好的生活。这样的愿景是很美好的，可接下来的问题和答案，听起来却不那么美好了。当问到"为什么你还没有实现这些目标，过上想过的生活"时，叹息和无奈取代了笑声。

"我没有高学历""我没有技术""我没有遇到合适的机会""经济形势不好""我的家庭环境不好""老板太苛刻了"……各种原因，纷纷入耳。听起来似乎都情有可原。

我们会对他们表示理解，但在理解之后，他们应该也知道：这个世界上，有人比你的状况更糟糕，但他们还是通过自己的努力取得了成功，过上了自己想过的生活，成为自己想成为的人。

为什么他们可以越过阻碍，获得成功？答案只有六个字：不找任何借口！

一个穷苦出身的年轻人，初中毕业后从四川老家外出打工。

那是1997年，他应聘到一家房地产代理公司做发单员，底薪300块钱，不包吃住，发出的单做成生意，才能拿到一点提成。上班第一天，老板说了许多鼓舞士气的话，让他印象最为深刻就是那句——不找借口找方法。

上班后，他干劲十足。每天早上6点钟就出门，有时夜里12点还在路边发宣传单，3个月的辛苦打拼下来，他发出的单子最多，反馈的信息也最多，只可惜没做成一单生意。为了不让自己泄气，他把老板说的那句"不找借口找方法"的话写在卡片上，随时提醒自己坚持下去。

渐渐地，他的业务多了起来，公司提拔他做了业务员。当时，公司销售的楼盘是北京西三环的一栋高档写字楼，每平方米价值2000美元。这样的高档房子，卖出去一套就能拿到丰厚的提成。他心里暗暗高兴，以为很快就能出单。没想到，两个月过去了，他一套房也没卖出去。

终于有一天，有客户主动找到他。他的心情可谓喜忧参半，高兴的是终于有了客户，担忧的是不知道怎么跟客户谈。他憋得满脸通红，手心直冒汗，就只知道简单地给客户介绍楼盘，然后傻傻地看着对方，其他的话一句没有。最后，客户失望离开。

"不找借口找方法"，他又开始给自己鼓劲。为了提高自己的说话能力，锻炼沟通技巧，他主动跟街上的行人说话，介绍楼盘。两个月后，他的语言表达能力有了不小的进步。

有一天，一个抱着箱子的人向他问路，想去三里屯的一家酒吧。他热情地给对方指路，可对方似乎还是不太明白，最后他就亲自带对方过去，还帮忙拎箱子。临别时，他顺手把一张宣传单给了对方，简单地介绍了一下自己和公司的楼盘。没想到，那个人第二天就找到他，买下了两套房，并说："我平时很烦别人向我推销东西，但你不一样，值得信赖。"这一单让他赚到了一万块钱，可对他来说，比金钱更大的收获是，他找到了自信，相信自己能胜任这份工作。

虽然出了单，可每个月卖出一两套房，这样的业绩依然算不上好。当时，公司组建了5个销售组，采取末位淘汰制，而他就站在被淘汰的边缘。他终于明白，要胜任还得找到好方法。于是，在老业务员与客户沟通时，他就在一旁认真地听，看他们如何介绍楼盘，如何拉近与客户的距离。他还买了不少关于营销技巧的书，学会把握客户的心理，判断客户的需求和实力，这使得日后每次与客户交谈都变得有针对性，业绩也开始稳步提升。

后来，北京的另一家企业到他所在的公司挖人，以双倍的待遇聘请他。慎重考虑后，他发现那家公司精英众多，自己难以出人头地，就婉言谢绝了。

这个事件给公司造成了很大的影响，留下来的人都得到了重用，在公司工作两年的他也脱颖而出。当时，一个客户想买写字楼，但态度比较犹豫，他知道后，特意给客户做了一个报告，详细分析各楼盘的特点，并告诉客户，他的楼盘的性价比和优势。最终，客户决定买下一个大面积的写字楼，这一单就卖出了 2000 万元。

在那之后，他一个季度的销售额达到了 6000 万元，在公司排名第一。按照公司规定，销售业绩前 5 名者可竞选销售副总监，而他竞选成功了。只可惜，在第一个季度结束时，他带领的团队业绩排在最后，这就意味着，他要告别副总监的位子了。过去被撤销副总监职位的人，大多都选择了离开，毕竟从主管降到业务员，心理落差太大，面子上也觉得难堪。可是，他没走，他觉得自己被淘汰就是因为自己还无法胜任，从哪儿跌倒就要从哪儿爬起来。

重新做回业务员后，他很快调整好心态，和从前一样拼命地工作。在 2003 年的最后一个季度，他再次以销售额第一的业绩竞选上了销售副总监。这一次，他吸取了以往的教训，刚一上任就开始对手下的员工进行培训，传授自己的销售经验。他说，只有大家都好了，自己的境遇才会更好。就这样，在这个季度结束时，他的团队销售额达 8000 多万元，租赁也达 5000 多万元。这样良好的业绩此后一直保持着，而他每年的收入也在 100 万元以上。

这个带着初中学历闯京城，最后年薪百万的人物，名叫胡闻俊，而那个告诉他"不找借口找方法"的老板，就是潘石屹。

著名管理学家和培训师吴甘霖先生，曾经在清华大学高级总裁班上对一些企业家做过一项抽样调查。当问到"哪一类员工，是你们最不愿意接受的员工"时，答案是：

（1）工作不努力而找借口的员工。

（2）斤斤计较的员工。

（3）华而不实的员工。

（4）损公肥私的员工。

（5）受不得委屈的员工。

当问到"哪一类员工是你们最喜欢的员工"时，答案是：

（1）不等安排工作就能主动做事的员工。

（2）通过找方法加倍提升业绩的员工。

（3）从不抱怨的员工。

（4）执行力强的员工。

（5）能为单位提建设性意见的员工。

这一调查结果，再次印证了一个结论：凡事找借口的员工，是任何企业里都不受欢迎的员工；不找借口找方法、诚实面对问题的员工，是任何企业都需要的员工。

那么，在实际的工作中，不找借口、不逃避问题、诚实地面对自己，体现在哪些方面呢？

1. 立即行动

当一个企业借口蔓延的时候，这个企业就丧失了发展力；当一个员工习惯找借口的时候，这个员工就丧失了成功的机会。那些在岗位上取得一定成就的员工，在接到任务的时候，从不去想条件怎样差，只想自己该怎样做。

执行，存在一个时间问题，选择立即行动，还是拖延等待，结果大相径庭。一个成功者必是立即行动者，因为立即行动能让人保持较高的热情和斗志，提高做事的效率；相反，拖延却只会消耗人的热情和斗志，让人变得愈发懒惰，愈发没有接受挑战的勇气。所以，要提高执行力，就不要找任何借口拖延，去做才会有改变。

2. 承担力

现代企业需要的人才，不仅要有出色的工作能力，还要具备强大的内心。很多员工在遇到困难、遭受失败时找借口，多半是不敢去面对，试图用借口来为自己辩护，掩盖过错，逃避该承担的责任。

导致这种行为的原因，无外乎是出于对面子的维护，或是害怕影响自己在他人心中的威信和信任。其实，这些担心都是多余的。我曾就此问题与一位知名企业的总裁探讨过，他是这样说的："我很希望我的下属都有承认错误的勇气。没有不犯错的人，包括我自己在内。我不会因为谁犯了个小错就全盘改变对他的看法。相反，我更看重一个人面对错误的态度。"

在工作中有失误不是什么可怕的事，怕的是不敢承认，找借口为自己辩护。积极、坦率地承认和检讨，尽可能地对事情进行补救，防止事态恶性发展，并从错误中吸取经验，这才是正确处理问题的态度，也是赢得信任和尊敬的做法。

　　没有任何借口，是每个员工都当秉承的理念，这是一种诚实的态度，一种负责的精神，一种完美的执行能力。在每个工作日的早晨，或是在开始工作之前，在心里默念一遍下面的话："我是一个不需要借口的人。我对自己的言行负责，我要付诸行动，我知道工作意味着什么，我的目标很明确。我要尽自己最大的努力去工作，不抱怨环境，不逃避困难，不去想过去，只想如何继续自己的梦想。不找任何借口，因为我对自己充满信心！"

少年易老学难成，一寸光阴不可轻

爱岗的力量——荣誉感

什么是职业荣誉感？简单来说，就是对工作怀着一份要把它做好的决心，并为做好工作后得到的尊敬和成就感到光荣的一种心理感受。

一个人对自己的公司和工作没有荣誉感，做事就会马马虎虎，遇到突发事件，会付出最惨重的代价，他不会以高标准来要求自己，更不会在发生重大失误时认识到自己的错误。没有荣誉感的员工，到哪儿都不会受欢迎。

很多大度的领导，不介意员工在背后说自己的坏话，但他们非常介意员工说公司的坏话。对公司和工作都没有自豪感的员工，就不会尽全力做事，他们的精神面貌，就是公司好坏的晴雨表。对此，松下幸之助提出过"五分钟了解一个企业"的观点：不要看它的规章制度，不需要看它的报表，你只需要观察企业员工的一言一行，一举一动，就能感受到企业背后有一股什么样的"精气神"，在支撑着这个企业的发展。

IBM 公司刚成立时，老沃森就开始向员工灌输一种理念：IBM 是一家特别的公司，你要是不相信这家公司是世界上最伟大的公司，你在任何事业上都不会成功。当他的儿子小沃森接管公司后，依然也在宣扬这样的理念，他在自己的著作《与众不同的 IBM 公司》中写道："如果我们认为自己只是随随便便地为一家公司工作，那么我们就会变成一家随随便便的公司。我们必须拥有 IBM 公司与众不同的观念。你一旦有了这样的观念，就很容易发挥出所需要的驱动力，致力于继续保持这种事实。"

就是靠着这样的企业文化，IBM 的员工始终对自己的公司感到骄傲。这份荣誉感促使他们不断追求卓越，创造了 IBM 一个又一个的神话。这也证明，当我们发自内心认定了一份工作是有意义的，有前途的，那就能唤起对工作的热忱，把工作做到最好。

西点军校里有一条"荣誉法则"："每个学员绝不说谎、欺骗或偷盗，也决不容许其他人这样做。"其实，这就是在培养学员的集体荣誉感。在西点军校的教育中，荣誉教育向来都处于优先地位，它把荣誉看得至高无上。每位学员都要牢记所有的军阶、徽章、肩章、奖章的样式和区别，记住它们所代表的荣誉。我们的企业或许没有提出过类似的规章制度，但我们应当从西点军校的荣誉教育结果上有所触动，努力培养自己对职业的荣誉感。

曾经，某知名企业家入驻希尔顿饭店。早晨起床，他刚打开门，走廊尽头的服务生就热情地走过来，跟他打招呼："早上好，凯普先生。"企业家觉得，清晨问好是很正常的事，但她如何知道自己名字的？他问服务生："你怎么知道我叫凯普？"服务生说："客人休息以后，我们要记住每一个房间客人的名字。"

随后这位企业家从四楼坐电梯下去，到了一楼，电梯门一打开，有个服务生站在那里，连忙向他打招呼："早上好，凯普先生。"企业家挺好奇，就询问服务生怎么知道自己要下来。服务生说："上面有电话下来，说您乘坐电梯下来了。"

吃早餐时，服务生送来了一块点心。企业家问，中间红色的是什么？服务生看了一眼，后退一步，告诉他点心的制作材料和工艺。企业家一连问了几个问题，每次服务生都是上前看过后，往后退一步再回答。因为，他担心自己的唾沫飞溅到客人的早餐上。

这件事给企业家留下了很深的印象，虽然只是一些细微之处，可他却感受到了这些员工对希尔顿饭店的热爱，对自己所从事工作的热爱。若是没有荣誉感，没有时刻把希尔顿饭店装在心里，把自己的责任装在心里，他们不可能如此自动自发。

几乎每一家历史悠久、口碑良好的企业，都有大量心怀荣誉感的员工。希尔顿饭店如是，可口可乐也是这样。在可口可乐人眼里，他们的可乐不是普通的饮料，而是充满魔力的"神水"。一位记者曾经形容说："无论我去到哪里，总是惊讶地发现，为可口可乐工作的员工对这种产品居然会如此崇敬。"

可口可乐的员工，把他们的工作当成了一种使命，一种信仰，而不单单是谋生之道。有很多人离开可口可乐多年后，依然保持着当初的那份信仰，认为可口可乐是世界上最好的公司，它的销售技巧是最出色的，产品是最优质的。

看到这里，相信还有人会心存不屑：荣誉感到底有什么用？我能得到什么？

答案很明了，看看可口可乐这些年的发展就知道。可口可乐人坚信公司的实力和发展前景，在言行举止上处处维护公司的声誉，形成一个团结的集体，单从可口可乐原液配方的绝对保密上，就足以看出他们对公司的感情。可口可乐在他们的共同维护下，也发展成了世界巨头企业，它也回馈给员工丰厚的回报。荣誉感建立的基础，就是把自己和公司视为一家，不分你我。

要相信一句话：公司就是你的船！水涨船高的道理，不用多说，你也一定懂得。

奉献自己成就集体

鲁迅说过，只要能培一朵花，就不妨做做会朽的腐草。

雷锋在日记里写过这么一句话："如果你是一颗最小的螺丝钉，你是否永远坚守在你生活的岗位上？"此话置于现代职场，依旧是一个值得反思的问题。

多少人都想做光鲜亮丽的工作，担任重要的职位，不屑于做一颗"螺丝钉"，甚至看不起平凡的工作，总觉得那没什么价值。其实，这是一种大错而特错的观念。

企业就像是一台机器，由成千上万个零件组成，核心部件发动机固然重要，可每一颗小小的螺丝钉也不容小觑，一颗螺丝钉发生了松动，都可能影响整台机器的运转。如果此刻的你刚好就是企业里的一颗螺丝钉，那么你首先要摆正自己的心态，清楚你的存在对企业的重要性。唯有这样，你才会坚定地守住自己的位置，在这个位置上闪闪发光。

任何岗位都有存在的意义和价值，没有平庸的角色，只有平庸的心态。不懂得立足于本职的人是难有成功的，光鲜亮丽的职位固然有诱惑力，可若没有配角的努力和协助，整个团队的人都可能会失去现有的一切。

有一位年轻的小伙子到麦肯锡公司面试，他的简历和表现都很出色，一路过关斩将，一直冲到了终试。终试不再单独面向个人，而是小组面试。

这个小伙子口齿伶俐，抢着发言，在他咄咄逼人的气势下，小组的其他成员根本就没有说话的机会，连面试的考官都为之叹服。

面试结束后，小伙子沾沾自喜，对自己的突出表现很是满意。然而，等录取结果出来后，他却意外地落选了。麦肯锡的 HR 经理给出的理由是：个人能力很强，但从小组面试的表现看，缺乏团队合作精神，对公司的长远发展不利。

企业是一个整体，为了团体的利益，为了工作的完美，很多时候需要舍弃个人英雄主义。虽然工作是展示个人能力的平台，可作为企业中的一员，你的言行举止都应当顾全大局，必要的时候甚至要甘当配角，对整个团队负责。千万不要错误地认为，这是埋没了自己的才干，事实上，我们所见证到的那些伟大，多数情况下都是属于团队的。

提起迈克尔·乔丹，你一定不会陌生，他曾是 NBA 最伟大的球员。说他伟大，不单是因为他出色的球技，能成为篮球场上的灵魂人物，更重要的是，为了球队的胜利，他在赛场上能付出任何不求回报的牺牲。

很多球员都想着，要如何争取更多的上场时间，如何得分，如何吸引观众的目光成为媒体的焦点，可迈克尔·乔丹想得却很纯粹，就是为了整个团队的胜利，他愿意放下巨星的架子，摘下球星的光环，去做一个配角，给队友助攻，帮队友防守。这种负责任的团队精神，感染了他的每一位队友，也让球迷们为之钦佩。

职场也跟球场一样，如果一个人只想着如何出风头，只想担任重要的角色，对配角不屑一顾，也不懂得顾全大局，这样的人对企业来说，非但没什么价值，还可能会成为破坏团结氛围的负能量源。既然是一颗螺丝钉，那就放平心态，以"螺丝钉"的精神融入工作和生活中，发出自己的光和热。哪怕自己是单位里的重要人物，也应当有敢于做配角的勇气。

一个研究所的副所长，由于行政事务繁多，无法把全部精力放在课题研究上。为了保证正常的进度，他的助理通过艰苦的努力，把研究成果做了出来，使得这个课题得到了有关方面的认可，赢得极大的荣誉。当报纸和电视台的记者纷纷来到研究所，试图采访那位副所长时，他拒绝了，说："这项研究成果是我的助手的功劳，荣誉应该属于他。"记者们听后，不禁为这位副所长的诚实与美德打动。他们在报道助手的同时，也把副所长的坦荡胸襟和行为都写了进去，副所长也得到了外界的好评和赞誉。

在关键时刻，在荣誉面前，甘于做配角是一种奉献，一种素养。反过来，若是处处争先抢上，凸显自己，反倒会让人觉得不成熟、虚荣轻浮。工作中有很多情况，都需要我们甘当配角，比如刚进入一个新领域，要秉持谦卑的姿态，去向"主角"学习更多的东西；作为老员工，也得适当让新手们去锻炼，去表现。公司喜欢的人才，向来都是"黑马"的类型，而不是"出头鸟"。

有人会说，不想当将军的士兵不是好士兵。有理想和追求固然好，但在成为将军之前，一定得先把士兵的角色扮演好，做不好士兵的人是没有资格当将军的。在事业的道路上，先得培养自己有一个好心态，能脚踏实地从本职岗位做起，配角做好了，凸显了自己出色的演技，才有成为主角的可能。再者说，职场不是个人的秀场，主角的存在一样是为了团队的利益，只要时刻把企业放在心里，无论饰演的是什么角色，都能秉承任劳任怨的姿态，一样能获得尊重与赞誉，实现自我的价值。

感恩宣言

人生最美丽的补偿之一，就是人们在真诚地帮助别人之后，也帮助了自己。企业是一盘棋，员工不能只盯着自己的"一亩三分地"。工作中坚持比别人多做一点，敢担当、能奉献是对感恩的最有力表达。

请思考：

1.在集体中，我给自己的定位是什么？

_____

2.我是如何看待付出与回报的？

_____

科学精神：创新驱动的核心

李春蕾◎主编

出版日期：2019 年 5 月　定价：39.00 元　ISBN 978-7-5158-2482-6

Scientific Spirit: the Core of Innovation Drive

2019 政府工作报告倡导大力弘扬科学精神

培育和践行社会主义核心价值观，广泛开展群众性精神文明创建活动，大力弘扬奋斗精神、科学精神、劳模精神、工匠精神，汇聚起向上向善的强大力量。

——十三届全国人大二次会议上的政府工作报告

科学精神是一个国家繁荣富强、一个民族进步兴盛必不可少的精神。在复杂多变的形势下，要解决未来发展中的不确定性问题，离不开科学精神、科学态度和科学方法，而科学精神尤为重要。